한국종교의 진단과 전망

(유교, 원불교, 기독교를 중심으로)

이명권, 전철후, 김종만 지음

한국종교의 진단과 전망

(유교, 원불교, 기독교를 중심으로)

한국종교의 진단과 전망
(유교, 원불교, 기독교를 중심으로)

지은이   이명권, 전철후, 김종만

발행처   열린서원
발행인   이명권
초판발행일   2020년 6월 30일

주 소   서울특별시 종로구 창덕궁길 117, 102호
전 화   010-2128-1215
팩 스   02) 6499-2363
전자우편   imkkorea@hanmail.net
등록번호   제300-2015-130호

값 8,000원
ISBN 979-11-89186-04-3

차 례

한국 유교의 현대적 의의와 전망

(한국 유가 사상을 중심으로)

李 命 權

한국 유교의 현대적 의의와 전망
(한국 유가 사상을 중심으로)

이명권

I. 한국 유가사상의 전개

한국의 사상사에서 유가 사상의 역사는 깊다. 기원전 3세기에 한국은 원시적인 하늘(天) 숭배 의식이 있었고, 세계의 원리를 음양(陰陽)의 관점에서 밝음과 어두움을 해석하기 시작했다.[1] 하지만 한국에서 14세기에 이르기까지는 불교가 봉건적 한국 사회의 지배 이념이었다. 불교가 한국에 유입된 이후 줄곧 불교 사상이 한국 봉건사회를 이념적으로 지배해 왔지만, 12-13세기를 경과하면서, 국내의 계급적 모순과 원나라의 침입으로 한국의 철학 사상은 새로운 변화를 겪게 된다. 예컨대, 봉건적인 귀족 정치에 반대하는 중소 봉건 영주들은 중국 송(宋)나라의 철학을 받아들이면서 불교의 주관적 관념론을 비판하기 시작했다.

14세기 말에 이르러서는 새로운 봉건제 지도자들이 불교의 '주관적 관념론'을 배척하고 주희(朱熹, 1130-1200)의 신유가(新儒家)

---

[1] 러시아과학 아카데미 철학연구소, 『世界哲學史』, (부록편), (서울: 중원문화사, 2009), p.68.

이론을 수용한 것이다. 이러한 주희의 유가 사상은 불교의 주관적 관념론에 비해 객관적 관념론이라고 평가되기도 한다.2) 이러한 주희의 객관적 신유가 사상은 15-16세기의 조선시대(朝鮮時代)에 이퇴계(李退溪)와 이율곡(李栗谷)에게서 볼 수 있듯이, 조선성리학(朝鮮性理學)이라는 독특한 유가사상의 전성기를 이루었다. 이와 같은 조선성리학으로서의 유가사상이 한국 사회과 관료 등 귀족사회에 깊이 확산 되면서, 인간의 높은 도덕성을 함양하는 사상적 기초가 되었지만, 이기론(理氣論)과 사단칠정론(四端七情論)과 같은 심성론(心性論)의 복잡한 관념론적 성격으로 인하여, 17세기에 이르러서는 한국의 독창적인 유물론 철학의 하나인 실학파(實學派)가 탄생되었다.

17세기에 대두하기 시작한 실학파는 19세기 초까지 지속적인 영향을 미쳤고, 그 실사구시(實事求是)적인 실천적 철학사상도 그 바탕에는 유가사상이 깊이 자리 잡고 있는 것이다. 중국의 신유교 사상에 입각한 조선성리학의 관념론적 철학에 반기를 든 유물론적 실학파의 투쟁은 조선시대의 사회개혁을 주도했고, 동시에 애국운동과 함께 한국 민중을 일깨우는 또 하나의 실천적 유교 운동이었다.

19세기 후반에 이르러서 조선사회는 자본주의의 발전 단계에 들어섰고, 당시에 팽배하던 봉건 질서의 위기는 1894년-1985년 사이의 동학농민전쟁(東學農民戰爭)을 초래했다. 하지만 1910년 일본이 조선을 식민통치하게 되면서 '농민전쟁'은 다시 항일무장투쟁으로 나타났다. 이때 '동학(東學)'은 서양의 그리스도교인 '서학(西學)'에 대한 반대 개념으로서 민족의 주체성을 강조한 조선의 토착사상을 강조한 것이지만, 내면에서는 유가(儒家)와 도가(道家) 사상을

---

2) ibid., p.69.

포함한 중국사상과 동양정신이 내포된 사상이었다. 그 대표적인 정신이 천지인(天地人) 합일사상(合一思想)의 '인내천(人乃天)' 사상도 그 대표적인 한 사례가 된다.

20세기 초에는 일본 제국주의 식민통치에 대한 반대운동과 함께 새로운 형태의 계몽운동이 발생했는데, 그것은 기본적으로 조선의 독립과 대한민국의 새로운 건설에 있었다. 이러한 시기에도 여전히 조선 중기의 성리학적 '거경궁리(居敬窮理)'과 '존양성찰(存養省察)'의 인권적 기본사상은 유지되고 있었고, 여기서 한 걸음 더 나아간 실사구시의 독립과 인간해방론도 함께 추구되었다. 예컨대 근대 한국의 유명한 역사가인 박은식(朴殷植, 1850-1926)은 신유교의 사상인 '리(理)'를 수용하면서, 실학파의 진보적인 계열에서 사회개혁을 외친 계몽주의 사상가였다.3)

박은식의 개혁운동은 왕양명의 정신을 가지고 유교를 해석하면서, 유교의 실천적 특징과 민주화를 구현하고자 했던 것이다. 이처럼 박은식은 불교나 기독교와는 달리, 유교적 정신을 바탕으로 '민주화'된 새로운 종교를 추구하고자 했다. 이것은 그와 동시대에 중국에서 명성을 떨치고 있었던 중국 근대 정치사상가 강유위(康有爲)(1858-1927)와 그의 협조자였던 양계초(梁啓超, 1873-1929)4)의 사상에서도 부분적인 영향을 받은바 있다는 주장도 있다.5) 박은식은 이처럼 신유교의 학술적 영향은 받았지만, 시대에 뒤떨어진 유교의 교육체제를 반대하면서 유럽의 과학 기술을 적극 옹호하였다. 이는 유럽의 과학적 지식의 진보가 봉건제도를 타파하고 사회를 발전시

---

3) ibid., p.71.
4) 梁啓超는 朝鮮性理學의 대가인 李退溪의 <聖學十圖>를 높이 평가하면서, <退溪先生聖學十圖 讚詩>를 쓴 것으로도 유명하다.
5) 러시아과학아카데미 철학연구소, op., cit., p.72.

키는 원동력이 될 것이라는 확신을 가지고 있었기 때문이다.

그러나 박은식이 과학지식의 진보를 통한 사회발전을 꿈꾸었다면, 항일 독립운동가로서의 신채호(申采浩, 1880-1936)는 박은식이 주도한 진보적 유학사상을 접하였으나, 곧 유교학문의 한계를 깨닫고 봉건유생(封建儒生)의 틀을 벗어나서 항일 민족 독립운동에 적극 가담하게 되었다. 그리하여 1919년 3.월 1일 독립운동 때에는 북경에 대한독립청년단 단장으로 활약하였고, 1919년 4월 10월에는 상해에서 대한민국임시정부 수립을 위한 29인의 최초의 모임인 임시정부 발기회에 참가하기도 하였다. 신채호는 역사발전의 추진력이 '계몽된' 인격자나 '높은 재능을 가진 자'보다는 인민대중에게 있다는 것을 강조하였다.

II. 조선의 유학 사상가들

1. 정도전(鄭道傳)의 건국이념과 성리학(性理學)

<조선경국대전(朝鮮經國典)>을 쓴 정도전(1342-1398)은 성리학적 이상을 가지고 조선의 이념적 기틀을 세웠다. 고려말 소수의 권문세족(權門勢族)이 권력을 독점하고 있던 상황에서, 성리학이라는 지배 이데올로그를 통해 새로운 나라, 조선을 세워보겠다고 한 정치사상가가 정도전이었다. 정도전은 <불씨잡변(佛氏雜辨)>

이라는 책을 통해 불교를 배척하고 실사구시적인 성명(性命)과 이기(理氣)론에 입각한 성리학을 중시했다. '성(性)'은 <중용(中庸)>에서 밝히는 것과 같이 하늘이 인간에게 내린 것(天命)을 말한다. '이(理)'는 <맹자>(告子 上)에 나오듯이 '마음이 서로 같은 것'이다. 맹자는 이렇게 말했다. "마음이 서로 같다는 것은 무엇인가? 그것이 이(理)이며, 의(義)다. 성인은 우리의 마음과 같은 것을 먼저 얻었을 뿐이다(心之所同然者何也? 謂理也, 義也. 聖人先得我心之所同然耳. 故理, 義之悅我心, 猶芻豢之悅我口)."6) 이러한 성리학을 바탕으로 정도전은 대토지 소유자들의 권세에 대항하여, 인간이면 누구나 하늘로부터 부여받은 천명(天命)과 성리(性理)를 지니고 있다는 점에서, 조선 초기 신진 사대부(士大夫)의 유가사상을 국가적 건국이념으로 세우고, 예로써 다스려지는 소강사회(小康社會)와 토지를 온 백성에게 나누어주는 대동사회(大同社會)를 건설하고자 했던 것이다.7)

성리학이 중국에서는 <송명이학(宋明理學)>8)으로 잘 설명되어 왕양명의 양명학을 포함하지만, 조선에서의 성리학은 양명학을 이단 취급함으로써, 주류학문으로 자리 잡지 못했다. 하지만 한국의 근세 이후에 와서는 양명학이 다시 조명을 받기 시작했다. 민족모순과 계급 모순이 치열한 시기에 인간의 보편적 존엄성과 근본바탕

---

6) 白平 註釋, 『孟子詳解』, (北京: 人民文學出版社, 2014), p.296.
7) 이덕일, 『鄭道傳과 그의 시대』, (高陽: 玉堂, 2014), p.42, 72.
8) 陳來, 『宋明理學』, (沈陽: 遼寧教育出版社, 1995), pp.1-423. 宋明理學의 범위로는 中唐시기의 韓愈로부터 시작된 儒學의 부흥을 필두로 北宋의 周敦頤의 太極思想, 張載의 太虛卽氣, 程顥의 天理와 道, 程頤의 理와 氣, 그리고 南宋의 朱熹와 陸九淵의 心卽理 사상 등이 송나라까지의 성리학이라면, 명나라에서는 王守仁의 心外無理 사상과 知行合一이나 致良知 사상이 明代 중후기의 성리학을 이루고 있다.

을 연구하는 심학(心學)은 늘 변혁의 학문으로서 새로운 각성의 계기를 던져준 것이다. 정도전은 그의 책, <불씨잡변>에서 "성(性)은 사람이 하늘에서 얻어 태어난 이(理)요, 그 작용은 사람이 하늘로부터 얻어 태어난 氣다(蓋性者, 人所得於天以生之理也, 作用者, 人所得於天以生之氣也)."라고 했다. 그가 주희(朱熹)와 달랐던 점은 '기(氣)'의 역할을 주희보다 더욱 강조하고 있다는 점이다. 이른바 생득적 이치로서의 이(理)보다는 작용으로서의 기(氣)를 더욱 강조한 것이다.

2. 조선 성리학의 대가(大家)들

1) 이퇴계의 이기론(理氣論)

조선 성리학사(性理學史)에서 이퇴계(退溪 李滉: 1501-1570)는 '주리론자(主理論者)'로 불린다. 그는 인간의 감정을 마음의 본성인 사단(四端)과 그에 따라 생겨나는 감정으로서의 칠정(七情)을 구분하였다. 바깥의 자극을 받아 '기(氣)'가 먼저 움직이면, '이(理)'가 그것을 타서(氣發理乘) 조절하는 것이 칠정(七情)이다. 이리하여 이퇴계는 '이발(理發)'을 긍정하였다. 그 이전에는 '이(理)'가 아무런 형태도 없고 움직이지도 않는다는 성리학의 일반적인 이해에, '이(理)도 발(發)한다'는 새로운 주장을 한 것이다.9) 이러한 주장을 고봉(高峰) 기대승(奇大升)과 이율곡은 비판했지만 이퇴계는 선(善)의 근

---

9) 김영두, 『退溪, 인간의 도리를 말하다』, (서울: 푸르메, 2006), p.12.

원으로서의 '이(理)의 작용'을 주장하기를 굽히지 않았다.

퇴계는 이(理)를 설명함에 있어서도 자연의 이치에 비유를 하면서 자연의 원리에 따라 조화로운 삶을 살 것을 주장한다. "배는 물 위를 가는 것이 당연하고, 수레는 육지 위를 가는 것이 당연한데, 이것이 이(理)다. 배가 육지로 가고 수레가 물위로 간다면 이것은 이(理)가 아니다. 임금은 마땅히 어질어야 하고, 신하는 마땅히 공경해야 하며, 아버지는 마땅히 자애로워야 하고, 자식은 마땅히 효도해야 하니 이것이 이(理)다. … 무릇 천하에 마땅히 해야 하는 것이 이(理)이며, 마땅히 행해서는 안 되는 것은 이(理)가 아니다. 이것으로 미루어 보면 이의 실체를 알 수 있다(夫舟當行水, 車當行陸, 此理也. 舟而行陸, 車而行水 則非其理也. 君當仁, 臣當敬, 父當慈, 子當孝, 此理也. … 凡天下所當行子 理也. 所不當行者 非理也. 此而推之 則理之實處 加知也).[10]

또한 "사람이 다 같이 하나의 근원(一元)에서 오는 기(氣)를 받았는데, 왜 저마다 기질이 다른가?(人同稟一元之氣, 而氣質之不同, 何也)"라고 하는 질문에 대해서 이퇴계는 답하기를, "한 근원에서 나와서 음양(陰陽)으로 갈라지니, 그 기(氣)는 본래 맑고 탁한(清濁) 구분이 있다. 음양은 다시 오행(五行)으로 나누어지니 살리기도 하고 죽이기도 한다(蓋自一元而分爲陰陽, 則其氣固有清濁之分, 陰陽又分爲五行, 則其爲氣也. 或生或克.)"라고 했다.[11]

이처럼 이퇴계는 이와 기에 입각한 성리학을 바탕으로, 자연의 운행과 질서에 부합하는 인륜의 도리를 밝힘으로써, 어지러운 조선 중기의 난맥상을 도학(道學)으로써 문제 해결의 실마리를 찾아보

10) ibid., p.15.
11) ibid., p.17.

고자 했던 것이다. 이와 같은 이퇴계의 철학은 조선의 성리학으로만 머물지 않고 중국의 근대사상가인 양계초도 그를 찬양하는 시를 지은 바가 있고, 일본에서도 일본성리학의 사상적 기초를 제공하여 주었다. 임진왜란 당시 일본의 포로로 잡혀간 조선의 학자가 오사카의 영주를 가르치던 승려를 가르침으로써, 일본 성리학을 꽃피게 한 것이다. 이퇴계의 이기론적 성리학 사상은 명치유신 직후 일본에서 만든 교육헌장의 사상적 바탕이 되었다.12) 이로써 이퇴계의 이기·심성론 사상은 동아시아의 주요사상의 하나로 발전한 것이다.

2) 이율곡의 생애와 이기론

조선 성리학의 역사에서 이퇴계와 더불어 이율곡(栗谷 李珥: 1536-1584)은 서로 사상적 쌍벽을 이루는 최고봉이다. 이퇴계는 영남지역을 중심으로 하는 영남학파를 형성했고, 이율곡은 기호(畿湖)지역을 중심으로 하는 기호학파를 형성한 한국사상의 중심인물이다. 오늘날 한국의 천원 권 지폐와 5천원 권 지폐에 각각 등장하고, 율곡의 어머니 신사임당은 5만 원 권 지폐에 등장하는 것을 보면 이들의 유학사상이 한국사상사에서 주는 영향력을 짐작할 수 있다. 이퇴계가 선조 임금에게 성인(聖人)의 학문으로서의 10단계를 밝힌 <성학십도(聖學十圖)>를 지어 올린 것처럼, 이율곡은 성인이 되는데 도움이 되는 훌륭한 글들을 모은 <성학집요(聖學輯要)>를 지어 바쳤다.13)

이율곡은 16세에 모친을 여의고 19세에 김강산에 들어가서 불교를

---

12) 김교빈, 『한국철학에세이』, (파주: 동녘, 2009), pp.172-173.
13) ibid., p.177.

공부하다가, 20세에 <논어>를 읽고 깨달은 바가 있어서 고향으로
돌아간다. 23세에는 당시 최고의 유학가인 이퇴계를 만나 배움을
청한다. 그는 일찍이 13세에 과거시험 응시 소과(小科)에 합격한
후 9번에 걸쳐서 과거시험에 모두 수석으로 합격했으니 조선의 천
재가 아닐 수 없었다. 과거 시험의 답안지 가운데 <천도책(天道
策)>은 유명하여 중국에까지 알려졌다. 이는 자연의 변화를 氣의
변화로 이해하면서 王의 수양을 강조한 23세 때의 답안지로서 그의
사상의 형성기에 보여준 명문이었다. 대사헌(大司諫)의 높은 직책
에 있으면서도 검소하고 청빈하게 살았던 것은 유학이 그의 성인지
학(聖人之學)의 기초를 이루었기 때문이다.

　이퇴계가 이(理)와 기(氣)를 분리하면서, 이(理)를 불변의 도덕
원리로 강조하였으나, 율곡은 다르게 생각했다. 그는 이와 기는 분
리시키지 않고 함께 보려고 하였던 것이다. 그래서 그는 "이와 기가
묘하게 함께 어우러져 있는 것(理氣之妙)은 깨닫기가 어렵다."고
했다. 모든 사물의 원리로서의 이는 이상(理想)이며, 기는 그 이상
을 담아 놓은 현실이다. 그래서 율곡은 이기의 보편과 특수의 관계
를 '이통기국(理通氣局)'으로 설명한다.14) 이(理)는 형체가 없어
만물에 통하지만 기는 형체가 있어서 막힌다는 뜻이다. 이퇴계가
이상을 더욱 중시하여 높은 도덕성을 강조했다면, 이율곡은 현실을
떠난 이상을 생각하지 않았다. 따라서 이상과 현실이 맞지 않을 때
는 이상을 바꾸기 보다는 현실을 고치면 된다고 생각했다. 이만큼
이율곡은 사회개혁적인 철학을 지녔다고 할 수 있다. 이퇴계가 현
실정치에서 물러나 도덕수양을 중시한 점이 있다면, 이율곡은 병석

---

14) ibid., p.186.

에서라도 현실의 잘못을 바로 잡으려 했다는 점에서 퇴계와 율곡의 세계관은 달랐다. 이는 퇴계가 이기이원론(理氣二元論)적 사상을 유지했고, 율곡은 이기이원론(理氣一元論)을 강조했던 차이와도 관계가 깊다고 할 수 있다.

율곡은 또한 모든 세계의 변화는 음양의 변화에 따른 것으로 이 음양도 기의 변화에 의한 것이라고 했다. 그런 점에서 이는 기의 변화를 떠나서는 생각할 수 없는 것이다. 율곡의 이기론은 퇴계의 사상을 존중하던 조선 중기의 학자 성혼(牛溪 成渾: 1535-1598)과의 논쟁에서 더욱 잘 드러난다. 논쟁은 퇴계사후 2년 되던 해 율곡이 37세의 나이로 파주(坡州) 율곡리(栗谷里)에 있을 때, 성혼(成渾)이 사단칠정론(四端七情論)에 대한 질문으로 시작되었다. 율곡보다 한 살 더 많은 성혼은 퇴계의 사상을 수용하여 '이기호발설(理氣互發說)'을 주장함으로써, 율곡이 주장했던 '기발이승일도설(氣發理乘一途說)'을 비판하였다. 이것은 어디까지나 성혼이 퇴계의 입장을 따르고 있었기 때문이다. 하지만 이점에 대해서 율곡은 자신의 견해를 굽히지 않았다.

또한 이들의 주된 논쟁 가운데 하나는 <서경(書經)>에 언급되는 '인심(人心)'과 '도심(道心)'에 관한 논쟁이었다. <서경>에서 말하는 바, "인심은 위태롭기 쉽고 도심은 잘 드러나지 않으니, 오직 정성되게 하고 흔들림이 없게 하여 진실로 그 중을 잡아야 한다."는 표현에서 인심-도심의 문제를 사단과 칠정으로 구별하는 방식에서 논쟁이 벌어진 것이다. 성혼의 경우는 퇴계의 입장을 바탕으로 하여, 순수한 마음으로서의 도심은 사단에 해당하고, 욕심이 섞인 인심은 칠정에 해당한다고 구분하였다. 이에 대해 율곡은 다르게 생각하였다. 예컨대, 사단은 칠정과 둘로 구분되는 것이 아니라, 사단은 칠

정에 포함되는 것이며, 동시에 사단은 도심만 해당되지만, 칠정은
도심과 인심을 모두 포함한 것이라고 하였다. 이에 더하여 율곡은
정신과 물질을 포함하여 모든 변화는 기의 움직임으로 발동하여
이(理)는 그 속에 담긴다는 의미의 '기발이승일도(氣發理乘一途
說)'을 주장하였던 것이다.15) 이러한 관점을 통해 퇴계는 '주리론
자(主理論者)'의 입장이라면, 율곡은 '주기론자(主氣論者)'로 평가
될 수 있는 것이다. 이러한 율곡의 학문은 훗날 현실을 중시하는 실
사구시의 실학사상에 큰 영향을 미친다. 특히 그의 책 <동호문답
(東湖問答)>에서 "사람이 뜻을 세운 뒤에는 실(實)에 힘쓰는 것이
가장 중요하다."고 했던 것과 같다. 이는 당시의 일반적인 성리학자
들이 '거경궁리(居敬窮理)' 위주의 수양에 비중을 많이 둔 것이었
다면, 율곡은 현실을 개혁하고자 하는 실천적 의지의 '무실역행(務
實力行)'을 강조한 것이었다.

3. 실학사상의 대가들

1) 박지원(朴趾源, 燕巖: 1737-1805): '북학(北學)'으로서의
   '이용후생(利用厚生)'학파

　18세기 조선 사회는 토지제도와 병역제도, 세금제도 등 위기의
시대였다. 그럼에도 당시의 지식인과 선비들은 성리학의 이론적
싸움과 당쟁에서 벗어나지 못한 상태였다. 이 시기에 일본은 네덜

---

15) ibid., pp.190-193.

란드를 통해 서양의 문물을 받아들이고 있었다. 청국(淸國)도 예수
회를 통해 서양문물을 수용하는 과정이었다. 이러한 상황에서 조선
은 임진왜란을 거친 일본이나 병자호란을 일으킨 청나라도 적극적
인 교류가 없던 시기였다. 그러한 와중에도 몰락한 양반 가문 출신의
박지원은 거대한 토호세력의 횡포와 가난한 농민들의 불행을 없애
기 위해 노력했던 용기 있는 유학자들 중의 한 사람이었다.

그는 <허생전(許生傳)>이라는 사회 비판 소설을 쓰기도 하고,
34세에 1차 과거시험에 수석으로 합격하기도 한다. 그러나 출세를
위한 과거시험을 보지 않고, 서얼(庶孽)출신 박제가(朴齊家)등 후배
학자들을 이끄는데 힘을 기울였다. 이는 당시 조선사회가 혈연에
기초한 종법제도(宗法制度)로 인해 서얼출신이 사회에 진출 할 수
있는 길이 막혀 있었기 때문이었다. 서얼은 과거시험을 볼 수 없다
는 서얼금고법(庶孽禁錮法)이라는 제도가 서얼의 사회 진출을 막
았던 것이다. 이러한 불합리한 제도의 뿌리는 성리학에 있었다.16)

고려시대에는 남아 선호사상이 없었고, 여성의 이혼과 재혼도 자
유로웠으며, 여성도 족보에 올랐다. 하지만 성리학이 사상적 기초
를 이루던 조선시대에는 남자 중심으로 족보가 기록되었고, 여자를
기록한 글씨도 남자의 절반 크기 글씨였다. 고려시대에는 시집간
딸에게도 재산을 평등하게 나누어 주었지만, 조선에서는 유교의 의
례에 따라 남존여비가 강화되었다. 이런 상황에서 서얼은 사회적
진출이 힘들게 되었고, 박지원은 서얼 출신의 박제가를 가르쳐서
청나라와 문물 교류를 중시하는 '북학'의 인재로 키운 것이다. 43세
에 박지원은 청국 고종(高宗)의 칠순잔치에 참가하는 사신의 일행으

---

16) ibid., p.249.

로 중국을 다녀오면서 느낀 경험을 <열하일기(熱河日記)>라는 책
으로 출판한다. 그는 당시 조선의 지식인들이 불교를 비판하던 상
황에서 불교도 장점이 많다고 인정했다. 또한 그는 서민들의 애환
을 잘 표현하면서도 양반들의 허위의식에 대해 가감하게 비판한 진
보적 개혁 사상가였다.

고려시대는 불교가 지배적인 이데올로그였지만, 조선시대에 와
서는 주자(朱子)의 성리학이 조선에 와서는 중기까지 퇴계와 율곡을
중심으로 조선성리학을 발전시켰다. 하지만 조선성리학은 학문적
인 이론 다툼이 당쟁과 결부되면서 오히려 사회 발전을 방해하는
요소가 되었다. 당시 조선의 기득권 세력은 현실성 없는 '북벌론(北
伐論, 淸國侵略)'을 주장하고 있었다. 이러한 상황에서 학문적 현실
성과 과학을 강조하는 실학이 대두하기 시작했다. 박지원과 같이
당시에 중국을 자주 드나들던 학자나 사신들은 서양을 통해 중국으로
들어온 과학적 문명의 성과를 잘 알고 있었던 것이다. 이러한 상황
에서 조선시대 후기인 18세기 전반에 이익(李瀷, 星湖, 1681-
1763)은 퇴계의 영향을 받았지만, 율곡의 실천적 사상을 더욱 중시
하였고, 소농민의 이익을 보장하는 '경세치용(經世致用)'의 학파를
형성하였다. 이후 18세기 후반에 이르러서 박지원은 '이용후생(利
用厚生)'학파의 중심인물로서, 농업을 중요시하던 '경세치용'학파
보다는 중국의 문물과 영향을 받아 공업이나 상업을 강조하였다.
특히 '이용후생'학파는 청나라의 문물을 중시하였을 뿐만 아니라,
당시 하층민으로 취급받던 상공업 종사자를 중시한 점에서 기득 권
력층의 비판을 받기도 했다.

보수적이던 성리학자들에 비해, 박지원은 청국의 문물제도를 수용
하며 배우고자 하는 '북학'이라는 실학을 주장했다. 이는 청나라를

무시하고 명나라를 섬기던 보수주의자들에 대한 개혁파로서의 근대화를 위한 논리였다.17) 이와 같은 실천적이고 개혁적인 '북학파'는 청 나라의 문물을 수용하려고 했던데 비해, 그 반대파인 '북벌론'을 주장하던 보수 세력은 여전히 청나라를 정벌하고 명나라를 회복하자고 주장했다. 이들 각각의 사상적 근거는 서로 다른 것이었는데, 개혁적인 북학파(北學派)는 '인물성동이론(人物性同異論)'의 논쟁에서, '인물성동론(人物性同論)'을 주장하였고, 북벌파(北伐派)는 '인물성이론(人物性異論)'을 주장하였다. 이들은 모두 '이기론'의 해석을 각각 다르게 해석한 결과였다. '인물성동론'을 강조하는 북학파는 인간과 사물의 고유한 주체성의 동질성을 인정함으로써, 그 본성에서는 인의예지(仁義禮智)를 바탕으로 하고 있다는 점에서, 청나라도 수용하였고, 동시에 근대적 평등의 방향으로 나아갈 수 있었다. 반면에 오랑캐가 세운 청나라를 무시하고 명나라를 회복하자는 보수적인 북벌론자들은 봉건적 신분질서와 차별적인 계급질서를 더욱 강화시키고자 했던 것이다.18)

이와 같은 보수와 개혁이라는 논쟁 속에서, 박지원은 백성의 더 나은 삶을 위해 양반들의 토지소유를 제한하는 토지 개혁법과 중국 사신으로 참가했던 경험을 바탕으로 한 농업기술의 개발, 상업의 발달을 장려했다. 이것은 당시 관념적 이론에 치우친 성리학에 대한 비판적 지식인의 이용후생의 논리였던 것이다. 박지원은 중국 사신의 경험을 바탕으로 한 책 <열하일기>에서 그의 사상을 잘 보여주고 있는데, 그는 문학가이자 개혁사상가였으며, 성리학적 명분보다는 백성을 살리는 실사구시적 인간상을 제시하고자 했다. 이 같은 박지원

---

17) ibid., p.258.
18) ibid., p0.259-260.

의 사상은 그의 제자 박제가를 통해 사상이 계승되었는데, 박제가는
<북학의(北學議)>19)를 저술하여 조선의 개화사상을 발전 시켰다.

2) 정약용(丁若鏞)의 실학적 경세론(經世論)

한국 실학의 대가인 정약용(茶山 丁若鏞: 1762-1836)의 사상은
크게 경학(經學)과 경세학(經世學)으로 구분된다. 이 가운데서 경
세학은 조선시대의 임진왜란(1592-1598, 중국에서는 萬曆의 役으
로 호칭)과 병자호란(1636- 1637)이라는 전쟁을 겪으면서 황폐해
진 조선을 바로 세우려고 했던 국가 개조론에 해당한다. 정약용의
국가 개조론은 정치, 경제, 사회, 문화의 전반에 걸친 것이지만, 그
기본적 사상의 기초는 유가의 경전에 근거한 수기(修己)와 치인(治
人)에 있었다.20) 정약용이 말하는 수기는 자신을 선하게 하는 것이
고, 치인은 남을 사랑하는 것이다. 그리고 정약용은 "자신을 선하게
하는 것은 의(義)가 되고, 남을 사랑하는 것은 인(仁)이 된다."고
했다.21)

정약용은 18년의 귀양살이 동안에 수기를 위해 사서오경(四書五
經)을 연구했으나, 그것은 학문의 절반에 불과한 것이고, 나머지 절
반은 '목민(牧民)'에 있다고 했다.22) 이처럼 정약용은 유가(儒家)

---

19) 朴齊家, 『北學議』, 김승일 譯, (서울: 범우사, 2002). 이 책은 內篇과
外篇으로 구성되어, 내편에서는 車, 船, 城, 벽돌, 기와 등에서부터
女人服飾, 劇場, 漢語에 대한 상세한 중국 여행을 통한 체험기가 담
겨있는데 이는 그의 스승 朴趾源이 중국에서 돌아와서 쓴 <熱河日
記>보다 앞선 것이지만 내용이 상세한 것에 朴趾源 자신도 놀라고
있다.
20) 송재소 외, 『茶山 丁若鏞 研究』, (서울: 성균관대학교출판부, 2013), p.18.
21) 『與猶堂全書2』 卷6, 44, "修己者所以善我也, 治人者所以愛人也. 善
我爲義, 愛人爲仁."
22) 『與猶堂全書5』 卷16, 1, "君子之學, 修身爲半, 其半牧民也"

의 사상을 기초로 한 수기와 치인의 학문을 자신의 사상적 기초로
삼고, 이론적 연구의 경학(經學)과 실천적 목민(牧民)의 경세론을
일생의 과업으로 삼았던 것이다. 따라서 정약용은 조선시대 후기의
병폐를 고치려고 한 변화와 개혁의 사상이라고도 할 수 있다. 그리
하여 그는 개혁의 방도로서, 법을 고치고 관직을 정비하는 <춘추
(春秋)>의 권위를 내세워 유가의 실사구시적 입장에서 실학을 발
전시켰다.

정약용의 경세론의 이론적 근거는 3가지다. 첫째, 우주 만물의 생
성과 순환의 원리인 태극(天理)을 중심으로 한 우주론이다. 태극에
는 원(元), 형(亨), 이(利), 정(貞)을 사덕(四德)으로 하여 만물을
생성하고 운행하는 원리가 있다. 둘째, 성리학(性理學)의 바탕에
근거한 인의예지(仁義禮智)를 타고난 심성론(心性論)이다. 셋째,
이퇴계와 이율곡의 학설을 이어받은바, '(심통성정론(心統性情論)'
으로 요약되는 수양론이다. 이퇴계에 의하면, "이와 기가 합하여 심
(心)이 되므로 자연히 허령지각(虛靈知覺)의 묘(妙)가 있다. 고요하
여 뭇 이치를 구비한 것이 성(性)이다. 이 성(性)을 담고 있는 것이
심(心)이며, 움직여 만사에 응하는 것이 정(情)이다. 이 정(情)을 드
러내는 것도 심(心)이므로 심통성정(心統性情)이라고 한다."23)

이와 같은 '심통성정론(心統性情論)'은 이율곡의 경우에서도 크
게 다르지 않다. "천리(天理)가 사람에게 부여된 것을 성(性)이라
하고, 성(性)과 기(氣)가 결합하여 한 몸(一身)을 주재(主宰)하는
것을 심(心)이라 하며, 심(心)이 사물에 응(應)하여 밖으로 드러나

---

23) 李滉, 『退溪先生文集』 卷18, 「答奇明彦」; 『韓國文集叢刊』 29, P.457.
(理氣合而爲心, 自然有虛靈知覺之妙, 靜而具衆理, 性也. 動而應萬事,
情也. 敷施發用此情者, 亦心也, 故曰心統性情.)

는 것을 정(情)이라 한다. 성(性)은 심(心)의 체(體)요 정(情)은 용(用)이니, 심은 곧 미발(未發·已發)의 총 이름이다. 그러므로 심통성정(心統性情)이라 한다.24) 이처럼 조선 성리학의 두 대가의 사상의 핵심이 마음을 다스리는 것과 연관이 있는데, 그러한 마음을 다스리는 공부의 핵심이 '존심양성(存心養性)'의 함양(涵養)이다. 이 '존심양성'을 위한 주된 방법으로서 '주정거경(主靜居敬)'이 있다.

하지만 다산(茶山 丁若鏞)은 이들 두 사상가의 내면적이고 정적(靜的)인 수양(修養)과는 달리, 실제적이면서도 윤리적인 실천행위, 즉 '행사(行事)'를 통해서만 도심(道心)을 보존하는 '존심(存心)'이 가능하다고 했다.25) 이것은 마치 맹자가 말하는 양성론(養性論)처럼, 선한 일을 통해 의(義)를 모으는 호연지기(浩然之氣)와 일맥상통하는 것이다. 예컨대, 정약용이 말하는 양성(養性)은 오늘과 내일 계속하여 생활 속에서 선을 행하는 가운데 이루어지는 것이지, 내면을 응시하는 작용만으로는 부족하다는 것이다. '거경(居敬)'의 문제도 "사물에 접촉(接物)한 후에 '경(敬)'이 생기고, 일에 대응한(應事) 후에 '의(義)'라는 명칭이 확립되는 것이다."26)라고 하여 정약용은 '응사접물(應事接物)'의 윤리적이고 실천적 측면을 강조한다.

이상에서 본 바와 같이, 정약용은 경학(經學)을 연구하여 '독선기신(獨善其身)'의 수기를 하고, '겸제천하(兼濟天下)'의 치인을 강

---

24) 李珥, 『栗谷全集』 卷14, 「人心道心圖說」; 『韓國文集叢刊』 44, P.284.
   (天理之賦於人者, 謂之性. 合性與氣而爲主宰於一身者, 謂之心. 心應事物而發於外者, 謂之情. 性是心之体, 情是心之用, 心是未發已發之摠名, 故曰心統性情.)
25) 송재소, 上揭書, P.39.
26) 丁若鏞, 『與猶堂全書2』 卷1, P.9. (接物而後, 敬止名生彦, 應事而後, 義之名立焉, 不接不應, 無以爲敬義也.)

조하고 실천함으로써 유학의 정신을 계승한 조선실학의 대표자가 되었던 것이다. 특히 종래의 조선 성리학이 우주론과 심성론 그리고 수양론에서 수기에만 치중한 결과 겸제천하의 실천적 의지가 결여되었다고 정약용은 판단했고, 이를 보완하기 위한 방법으로 '덕치(德治)'를 바탕으로 하면서도, '정전제(井田制)'의 개혁과 같은 '법치(法治)'를 강조한 것이다.

4. 근대 유교 개혁론

조선후기 일본제국주의의 강제점령이라는 급변하는 위기 속에서 유교는 어떤 역할을 감당했는가? 서양의 제국이 무력을 앞세워 강제로 문호를 개방하도록 했던 조선후기까지 주자학(朱子學)의 유교사상이 사회를 지배해온 이데올로그였다면, 서양의 침투 이후의 유교는 다양한 방식으로 대응했다. 첫 번째 반응은 1860년대 이후 이항로(李恒老)등의 보수적인 성리학자를 중심으로 한 서구문명에 대한 반외세 사상으로서의 성리학을 '정학(正學)'으로 보고 다른 학문은 이단으로 여기면서 '척사위정(衛正斥邪)'을 주도한 사상운동이었다. 두 번째 반응은 서양의 문물을 수용하자는 김옥균(金玉均), 박영호(朴泳孝), 유길준(兪吉濬) 같은 젊은 층의 개화파였다. 셋째는 1880년대 이후의 온건 개화파로서, '동도서기(東道西器)'와 같은 제한적 수용의 입장이었다. 이 '동도서기론'은 앞서 언급한 북학파의 이용후생과도 맥락을 같이하고 있다.

이들 3가지 반응 가운데서 '위정척사파'의 사상은 일제의 침략에 저항하는 의병(義兵)전쟁의 사상적 기반이 되었다. 그러나 이들의 의병전쟁은 현대식 무기로 무장한 외세와 정부군을 적으로 생각하였기에 패할 수밖에 없었다. 반면에 젊은 층의 개화파 인사들은 서국문물을 빨리 수용하여 근대국가를 이루자고 주장했다. 이들은 외국으로 사신을 보내어 견문을 넓히고, 학교와 병원을 세우고 제도를 개선했다. 그러나 서구 문물을 업고 들어 온 제국주의의 실체를 파악하지는 못했다는 한계가 있다. 세 번째 '동도서기'의 절충적 수용은 동양의 도덕과 윤리를 중심으로 하는 '도학'을 기초로 하되 물질적 측면에서만 서구화를 추구하자는 것이었다. 하지만 일제 강점기에는 유림(儒林)들이 항일 투쟁을 하거나 혹은 친일파로 변질되는 경우도 있었다.

특히 일제의 침략 이후에는 유교를 매개로 한 다양한 분파들이 있었다, 이들은 유교의 종교화를 통한 민중의 힘의 결집을 위한 노력이었다. 이들 단체들은 대동학회(大同學會), 서북학회(西北學會), 공자교(孔子敎), 대종교(大倧敎), 대동교(大同敎) 등으로서 이들의 공통점은 유교의 개혁을 통한 근대국가 체제를 확립하는데 있었다.27)

조선시대 국가 통치 이념으로서의 유교가 조선말기 최후의 국가적 위기 상황에서도 그 이념적, 정신적 역할을 감당하고자 했던 것이다. 유교가 이러한 이념적 역할을 할 수 있었던 까닭은 유교의 우주론과 사회 질서체계로서의 예교(禮敎)가 그 바탕이 되었던 것이다. 그렇다면 서구 열강의 강제 침략과 더불어 시작된 개항시기(開港時期)부터 1910년 한일 강제점령이시의 유교와 그 이후의 해방까지의 유교 상황은 어떠했는가? 앞서 언급한 '대동학회'는 사회진화론을 받아들인 지식인 그룹의 유림을 중심으로 한 친일파들이었

---

27) 김순석, 『近代儒敎의 改革論과 儒敎의 正體性』, (서울: 모시는 사람들, 2017), p.14.

다. 이들은 일본의 제국주의를 극복하기 어렵다고 보면서 일본의 선진문물을 받아들여야 한다는 입장이었다. 한편 항일적인 성격을 띤 유학자 가운데 박은식(大韓每日申報 主筆)과 장지연(張志淵, 皇城新聞 主筆)은 '대동교'를 만들어, 유교의 이상사회인 대동사회(<禮記>)를 추구하는 유교 본래의 정체성을 회복하고자 했다. 하지만 유교의 정체성을 통한 사회적 평화를 꿈꾸던 대동교도 국권상실로 인하여 활동이 지속되지 못했다. 따라서 국권상실이후 국외로 망명한 애국지사와 국내의 선각자들은 '공자를 신봉하는 교'라는 뜻의 '공교회'운동을 일으켰다. 이들 가운데 이병헌(李炳憲)이 '공교' 실천운동에 앞장섰다. 그의 유교개혁론은 유교를 종교로 확립시켜서, 국민정신을 결집시키고 궁극적으로는 유교를 국교로 한 부국강병한 근대적 대동사회를 만드는 것이었다.28) 중국의 강유위(康有爲)가 특별히 주창했던 유교의 대동사상을 중심으로 한 대동교나 공교회운동과 같은 유교개혁운동은 조선의 국권회복 운동과 민족독립운동으로 승화된 일면이 있다.

하지만 공교회 운동도 일제의 식민지 치하에서 성공을 거두지 못하고, 1910년 한일강제병합 이후 조선시대의 유교는 친일과 항일의 다양한 형태로 변모하였다. 친일파에서는 일본의 명치천황의 덕치를 찬양하면서 공자보다 더 높은 권위를 부여하였다. 다만 소수의 유교 지식인들은 여전히 항일의 정신을 놓치지 않고 있었다. 한편, 1937년 중일전쟁 이후부터 1945년 해방기까지의 유교는 정체성을 상실하고 일제의 전쟁 수행에 봉사하는 이념적 도구로 전락하게 된다. 1941년 태평양 전쟁이 일어나면서 유교 또한 다른 종교와 같이

---

28) ibid., pp.18-19.

파시즘 체제의 국가통제와 동원에 흡수된다. 특히 유교는 일제가 1937년에 전쟁협력 강요를 위해 내세웠던 조선통치 정책인 '내선일체(內(日本)鮮(朝鮮)一體)'의 사상적 기반이 된다. 이 시기에 유교가 변질되어 일본천황을 중심으로 하는 '신국사상(神國思想)'의 신도(神道)와 결합된 '황도유학(皇道儒學)'이 탄생한 것이다. 이는 충효를 강조하는 일본식 유교였다. 일제는 이러한 황도유학을 바탕으로 조선의 인적 물적 자원을 수탈했던 것이다.29)

한편, 조선시대의 유교 사상은 높은 도덕성을 요구하였는데, 도덕성의 요구가 지나쳐서 현실생활에 대한 대책이 부족했다는 평가를 받는다. 반면에 오히려 그러한 엄격한 도덕성 요구 덕분에 조선의 정치적 역사는 500여 년간의 조선왕조 통치가 가능했다는 역설적 측면도 있다.

III. 한국 유교의 현대적 의의와 전망

1. 한국인의 의식구조: 철학, 종교, 윤리에 대하여

1) '철학'에 대한 한국인의 의식구조

오늘날 한국인들의 철학에 대한 인식의 경향이 어떠한지를 묻는

---

29) ibid., p.22.

연구조사가 있었다. "한국인은 도대체 철학을 어떻게 생각하고 있을까?", "한국인은 어떤 생활 철학을 하면서 살아가고 있을까?"하는 문제의식에서 출발한 연구였다. 전문적인 철학 교수진과 한국 갤럽 연구소에서 동시에 진행한 이 여론조사의 결과를 보면 흥미롭다. 전국 만 19세 이상 1503명을 대상으로 개별면접을 통해 조사한 연구였다. '철학'이라는 단어와 관련된 자유로운 연상(聯想)에서 응답자는 21%가 占과 관련된 용어로 이해했고, 어렵고 재미없는 것으로 20%, 진리, 가치관 등 철학적 관념으로 16%, 소크라테스 등 철학자 15%, 인생의 본질과 관련된 단어로 12%, 철학 이론이나 혹은 명언 관련 9%로 나타났다.30) 그 가운데, 철학자에 대해서는 소크라테스나 공자 등의 순서였다. 이만큼 한국인들의 철학에 대한 의식구조에는 서양철학의 소크라테스와 동양철학의 공자에 대한 개념이 어려서부터 지배적인 영향을 미친 것으로 볼 수 있다.

특히 한국인의 68%가 철학은 인생의 의미와 가치를 탐구하는 학문이라는 응답을 보였다. 그러나 동시에 철학이 내 삶에 필요한 학문이라는 실용성에 대해서는, "그렇다"고 응답한 수치는 38%였지만, "아니라"고 응답한 수치는 47%로서 부정적인 반응이 더 높았다. 이것은 철학의 의미에 대한 가치는 다수가 인정하지만 실생활의 실용적 가치에 대해서는 부정적인 쪽이 더 많았다.31) 그런가 하면 철학책을 1권이라도 읽어본 사람에게 가장 관심 있는 분야가 어디인가를 물었을 때, 동양철학이 21%로 가장 많았고, 그 다음이 윤리학(20%), 형이상학(14%), 사회, 정치철학(10%), 논리학(9%) 순서였다. 동양철학이 가장 인기 있었던 이유는 한국의 전통 생활양식

---

30) (주) 한국갤럽조사연구소, 『한국인의 철학』, (서울: 한국갤럽, 2011), p.20.
31) ibid., pp.24-26.

과 밀전한 부분이 있다는 점으로 이해 할 수 있다. 동양철학 가운데
서도 관심도가 여성(26%)이 남성(17%)보다 높았고, 사회, 정치
분야의 관심은 남성(13%), 여성(7%)의 비율로 남성이 높았다. 반
면에 '동양 철학자'로 떠오르는 인물은 공자(46%), 맹자(33%), 노
자(5%), 순자(2%), 간디(2%), 장자(1%) 순서였고, '서양 철학자'
로서는 소크라테스(41%), 아리스토텔레스(15%), 플라톤(6%), 칸
트(5%), 데카르트(2%), 니체(2%) 순서였다. 그러나 이 모든 철학
자들 가운데 가장 훌륭한 철학자가 누구인가 물었을 때, 공자
(20%)가 가장 인기가 높았고 다음이 소크라테스(18%)였다.[32]

　한편 이러한 철학이 윤리의식과 관련이 있는가를 물었을 때,
67%가 밀접한 관련이 있다고 응답했다. 고교수업에서의 철학의 교
육적 효과에 대해서는 긍정이 44%이고 부정적 평가는 37%로서 긍
정적 평가가 높았다. 한국인의 90%는 "인생은 의미 있다."고 평가
했고, 무의미 하다고 생각하는 경우는 4%에 불과했다. 1981년의
행복지수에 비해, 2010년의 행복지수는 18%로 증가했다. 인생에
서 가장 중요한 것은 '가족'(47%), '마음의 평화'(20%), '재
산'(13%), '좋은 직업'(7%)순서였다. 가족이 중요하다고 본 것은
유교적 전통사상이 여전히 강한 것을 볼 수 있다. 가정교육에 있어
서는 가장 중시하는 가훈의 덕목이 '정직'이었고 그 다음이 '근면,
성실'이었다. 가정교육 내용은 '예절바름'(48%)로 가장 높았다. 그
다음이 '성실(38%)', '책임감/의무'(35%), 정직(20%), 독립심
(11%) 등의 순서였다. 전통적인 유교적 가족관에 대해서는 전통이
점차 소실되어 가고 있었다. 가부장제에 동의하는 의견은 47%였

---

32) ibid., pp.27-36.

고, 동의하지 않는 의견이 50%로 더욱 많았다. 부부유별의 명제에 대해서는 반대의견이 59%로 높았고, 동의하는 의견은 40% 수준이었다. 부부유별은 유교적 전통사상의 대표적인 예절이었으나 이러한 가치관이 점차 사라지고 있는 실정이다. "자식은 자기의 생각보다 부모의 뜻에 따라야 한다."는 문제에 대해서는 "그렇다"는 의견이 30%이지만, "아니라"고 하는 반대의견이 67%로 높았다. 이것 또한 전통적 효도의 관점과 달라지고 있음을 보게 된다. 결혼관에 있어서 혼전동거도 20대는 54%가 찬성을 했다. 한국인의 68%가 이혼할 수 있는 것이라고 긍정한다.33)

2) 한국인의 윤리의식과 종교관

한국인의 윤리관에 대한 조사연구에 의하면, 맹자가 주장한 성선설을 지지하는 비율이 53%로 가장 많았다. 반면에 태어나면서부터 선과 악을 동시에 지니고 있다는 의견이 32%였으며, 인간의 본성이 선하지도 악하지도 않고 태어난 이후에 결정된다고 보는 의견이 9%였고, 태어나면서부터 악하다는 순자(荀子)의 성악설(性惡說)은 3%에 지나지 않았다. 이들 가운데 성선설의 지지율은 60세 이상의 연령층에서 68%의 지지율을 보였다. 반면에 태어나면서부터 선악을 동시에 지니고 있다는 의견은 20-30대 연령층에서 많았다.34) 이것을 보면 성선설을 바탕으로 하는 정통 유교의 관점도 점점 감소해 가는 추세라고 볼 수 있다.

인과응보의 윤리에 대해서는 85%가 "나쁜 일을 하면 그 죄를 받

---

33) ibid., pp.37-84.
34) ibid., pp.87-88.

는다."고 응답했고, 인과응보를 믿지 않는다는 응답은 12%에 불과
했다. 그리고 "운명은 노력에 의해 만들어지는 것"이라고 보는 의견
이 62%로 가장 많았고, "운명이나 팔자는 타고 나는 것"이라고 응
답한 의견은 24% 정도였으며, "타고난 팔자와 노력이 반반 정도 결
정한다."는 의견이 12%로 가장 낮았다. 이를 보면 운명에 대해서는
적극적인 노력을 통해 개선해 간다는 의견이 더욱 많은 것으로 나
타났다. 이러한 의견을 가진 연령대는 젊을수록 더 많았다. 운명에
관하여 占을 보는 사례가 많은데, 한국인 10명 가운데 4명은 "직접
점(占)을 본 적이 있다."고 하였는데, 점을 친 비율은 여성(56%)이
남성(25%)보다 비율이 높았고, 연령층으로는 60세 이상의 고령이
많았고, 종교별로는 불교신자 중에 62%가 점을 보았다고 하여 가
장 비율이 높았다. 특이한 점은 개신교 신자 가운데서도 28%가 점
을 보았고, 천주교에서는 37%, 무종교에서 37%로 유교는 별도로
나타나지 않았다.[35]

   2015년 한국의 통계청이 발표한 자료에 의하면, 전체 인구
49,052,389명 중에서 종교가 있다고 응답한 사람은 21,553,674명
으로서 전체 과반수에 미치지 못한다. 종교인들 가운데 개신교가
9,619,332명이고, 불교인이 7,619,332명, 천주교인은 3,890311
명, 원불교는 84,141명, 유교는 75,703명, 천도교는 65,964명, 대
순진리회는 41,176명, 대종교는 3,101명, 기타 98,185명, 종교 없
음이 27,498,715명으로 나타났다. 통계에 의하면, 종교가 있다고
응답한 자들 가운데서 44.9%가 기독교의 개신교로 가장 많고, 불교
가 35.4%로 그 다음이며, 천주교가 18%였으며, 기타 종교는 1.7%

---

35) ibid., pp.89-93.

에 불과했다.36) 이는 한국 사회가 여전히 불교와 개신교가 가장 많은 종교인분포를 지니고 있음을 보여주고 있고, 2014년 이후에는 개신교 종교인 숫자가 불교인을 넘어서고 있다. 이에 비해 유교는 상대적으로 아주 미세한 수치에 불과하다. 그럼에도 불구하고 조선왕조 500년을 거치는 동안 유교의 사상적 가치와 성리학적 이념은 조선사회 전체에 커다란 영향력을 행사해 왔고, 지금도 성선설이나 가정교육에서의 예절 중시사상은 여전히 유교적 영향력이 크다고 할 수 있다.

종교적 개념에 대한 조사를 보면, '절대 진리'가 존재한다고 믿는 사람이 53%였고, 존재하지 않는다고 응답한 사람이 34%였다. 반면에 신이 존재한다는 응답은 53%였고, 존재하지 않는다고 응답한 비율은 36%였다. 사후세계의 존재를 믿는 사람은 48%였고, 존재하지 않는다는 36%였다. 이를 보면 절재존재나 신을 믿고 사후세계를 믿는 응답자가 그렇지 않다는 응답자보다 많은 것으로 나타났다. 또한 "종교는 저마다 기본적인 진리와 의미를 지니고 있다."라고 응답한 비율이 67%였다. 이로써 보면 한국인의 종교관은 무종교인이 종교인 숫자보다 많아지고 있고, 점차 무종교인적 경향이 커 가고 있는 모습을 보게 되며, 종교인의 다수는 절대 진리와 신의 존재 혹은 사후세계를 믿는 것으로 나타나고 있다. 이에 비해 통계적인 수치로 본 유교의 영향력은 아주 미미하다고 할 수 있지만, 상대적으로 한국의 철학사적 측면에서는 여전히 '이기'론 과 같은 성리학의 바탕이 큰 정신적 역할을 하고 있다고 볼 수 있다.

---

36) http://kostat.go.kr/portal/korea/index.action

2. 한국유교의 현대적 의의와 전망

1) 한국유교문화의 특징과 의의

한국 유교는 조선시대에 통치이념으로 작용하면서 전통사회의
사회체제와 질서를 유지하는데 매우 중요한 역할을 하였다. 그러나
현대에 이르러서 한국유교는 그 영향력이 아주 미미해졌다. 그러한
이유는 다양하겠지만, 시대적 변화를 따라가지 못하는 것도 중요한
이유 중의 하나다. 예컨대 가부장제도라든가 남존여비 사상 같은
것이 대표적인 예다. 조선시대의 지배 이데올로그서의 유교가 근대
에 이르러서는 한국유교의 자기 변혁기를 거치면서 '종교적 각성'
운동도 일어났지만, 그 지속적인 영향력을 발휘하지는 못했다. 그
럼에도 불구하고 한국유교에 대한 사상사적 연구는 지속되어 왔고
오늘날에도 여전히 그 정신적 가치는 크다고 할 수 있다.

한국유교의 현대적 의의와 전망을 고찰하기 위해서는 우선 한국
사회와 연관된 유교문화의 성격을 분석해야 한다. 유교문화는 오랜
세월을 거치면서 한국인의 생화문화 속에 뿌리깊이 의식, 무의식적
으로 자리를 잡고 있다. 다양한 종교적 차이를 넘어서 유교적 의식
과 문화예절이 공통적으로 스며들어 있음을 알 수 있다.37) 한국의
유학자 금장태(琴章泰)는 한국사회와 유교문화의 성격을 크게 다
음과 같이 4가지로 분석하여 설명하고 있다. 첫째, 천(天)과 자연
(自然)에 대한 유교적 관념. 둘째, 자신, 가족, 국가의 도덕질서. 셋
째, 예법문화의 질서와 형식주의. 넷째, 의리와 교육의 인격문화.

이상의 4가지 유교문화 가운데 우선 천과 자연에 대한 유교의 신

---

37) 琴章泰, 『韓國現代의 儒敎文化』, (서울: 서울대학교출판부, 1999), p.113.

앙관은 한국인의 심성에 깊이 내재되어 있다. "하늘이 두렵지 않느냐?"하는 물음에서부터, "하늘의 뜻"을 알기 위해 자신의 가슴 속에 들리는 내면의 소리를 들으며 살아왔다는 것이다. 그것이 바로 '량심'의 소리요, <중용>이 말하는 "천명지위성(天命之謂性)"의 내면적 소리다. 한국인의 토착적 종교인 '동학(東學)'의 시조(始祖 崔濟愚)가 말하는 '시천주(侍天主)'나, 2代 최시형(崔時亨)이 '사인여천(事人如天)'이라 하고 3代의 손병희(孫秉熙)가 '인내천(人乃天)'이라고 한 것도 유교전통의 맥을 이어간 것이라 할 수 있다. 또한 자연을 대하는 태도에서 산신제(山神祭)와 수신제(水神祭), 기우제(祈雨祭)등의 민간 신앙도 유교적 의례와 혼합되어 있는 것을 알 수 있다.

둘째, 자기를 둘러싼 가족과 국가의 도덕질서 속에서 유교문화는 어떠한 역할을 해 왔던가? 한국인의 도덕의식은 부모자식간의 효도와 존경을 바탕으로 하는 가정에서부터 시작된다. 부자유친에서 시작하여, 조선시대의 삼강행실도(三綱行實圖)와 오륜행실도(五倫行實圖)가 현대에까지 깊숙이 전해지고 있다. 이러한 의식은 가족과 국가 단위로 이어지면서 효와 충의 충효사상으로 발전하였고, 지금도 이 사상은 여전히 한국사회를 지탱하는 강력한 정신세계를 이룬다. 특히 제사를 통한 조상숭배 사상은 한국사회에서 종교를 초월하여 공통적으로 생활 속에 내재되어 있다. 이것은 족보를 중시하는 풍토에서도 알 수 있듯이 혈연적 유대감을 강하게 형성하는 유교문화의 두드러진 특징이라고 할 수 있다.

셋째, 한국 유교문화의 중요한 특징 중의 하나는 예법문화다. 유교적 질서문화 가운데 중시되는 것은 예(禮), 악(樂), 형(刑), 정(政)으로 <예기>38)에서 구분하고 있다. 이 가운데서 한국은 특히

'예법'이 강화된 나라로서 예부터 '동방예의지국'이라 불렸다. 예의 (禮義) 가운데 어른을 공경하는 인사를 중시했는데, 어른에게는 머리가 땅에 닿도록 '절'을 하는 인사법을 지키고 있다. 특히 조선시대 이후 지금까지 '관혼상제'의 예법은 '주자가례'의 전통을 중시한 조선유교의 전통과 관련이 깊다. 그러나 이러한 가정의례가 지나친 형식주의에 빠져서 '공경'의 사상은 점차 사라지고 번문욕례(繁文縟禮)의 낭비적인 폐단이 생겨났다. 이에 서양의 예절문화와 기독교 전통이 널리 확산되면서 전통적인 의례와 서구의례 문화가 일시적인 혼잡을 이루는 경향도 있다. 하지만 점차 전통 예절문화를 회복하려는 움직임이 계속 되살아나고 있는 추세다.

넷째, 의리(義理)와 교육을 중시하는 인격문화로서 유교문화의 가치가 높았다는 점이다. 한국전통사회는 의리와 신의를 아주 중요하게 생각해 왔다. 조선시대에는 의리를 중시하는 '선비(士)정신'이 부패한 관료사회를 극복하는 중요한 정신이었고, 해방이후 지금까지의 정치적 부패도 결국은 '청백리(淸白吏)' 정신의 승리로 귀결되고 있음을 역사가 보여주고 있다. 오늘날 배금주의(拜金主意) 사상이 만연되어 있어서 '의리'보다는 '이해' 관계가 앞서는 것 같지만 여전히 '의리'는 한국사회를 지탱하는 중요한 유교문화의 성격을 지니고 있다.39)

이상에서 우리는 한국사회 속에서 유교문화가 지니는 4가지 특징과 의의를 살펴보았다. 천(天)과 자연이해, 자기-가족-국가로 이어지는 도덕질서, 예법문화, 의리교육이 한국사회에 미친 유교적

---

38) 『禮記』, 樂記. "禮節民心, 樂和民聲, 政以行之, 刑以防之, 禮樂刑政, 四達而不悖, 則王道備矣."
39) 琴章泰, 『韓國現代의 儒教文化』, pp.114-122.

영향력이다. 여기서 우리는 성선설에 바탕을 두고, 내세보다는 현실 중심적 지향성을 가지고 있는 한국 유교문화는 과거의 역사에 대한 반성적 이해와 4차 산업혁명 시대에 걸 맞는 미래지향적인 개방적 예의와 질서 문화를 창조해 가야 하는 과제를 지니고 있다.

2) 한국유교의 전망

한국유교는 공자와 맹자 그리고 주자로 이어지는 중국의 '도통설(道統說)'을 주류사상으로 수용하는 성리학적 바탕위에서 전개되어 왔다. 또한 유교가 지니는 우주론인 천과 자연사상에 기초하여 인간관과 윤리관을 전개해 왔다. 이러한 천명에 바탕을 둔 천인(天人), 사회, 역사, 윤리적 가치를 실생활 속에 전개해 왔던 것이다.40) 우선 천인사상은 천군사상으로 발전했고, 동시에 '수직적 질서'의 유지에 이데올로그역할도 했다. 이러한 관점은 다원화된 포스트모니즘의 현대사회에서 글자 그대로 받아들이기 어려운 측면이 있다. '수직적 질서'가 이제는 '수평적-평등'의 질서로 혹은 '원형적 질서' 혹은 '동심원적(同心圓的) 질서'로 전화하고 있기 때문이다. '수직적 질서'가 계급적 질서의 차별화된 권위주의적 경향을 지닌다면, '수평적 질서'는 만인의 인격을 평등의 차원에서 고르게 중시하는 경향을 지닌다고 할 수 있다.

얼마전 한국사회에서는 '노사(勞使)' 간의 대립 가운데서 주인(甲)이 노동자(乙)에 대하여 억압하는 '갑질논쟁'이 뜨거웠다. 회사의 주인이라고 해서 더 이상 권위적인 자세로 인권을 무시하고 억압하

---

40) ibid., pp.125-140.

는 '갑질'을 민주시민은 더 이상 수긍할 수 없는 사회가 되었다. 심지어 국민이 뽑은 대통령도 죄를 지으면 탄핵하여 감방에 가게 하는 사회로 변했다. 유교적 질서의 상징인 '천인사상'은 이제 제도적 질서유지로서의 '천인'사상이 아니라, 하늘로부터 부여 받은 고유한 인격으로서의 '천인사상'의 보편적 회복이 필요하다는 전망이다.

유교사회에서 보여주는 두 번째 특징인 '사회'적 측면은 공사(公私)의 구별의 문제다. 유교사회에서 중시되는 덕목은 '사(私)'를 극복하고 '공(公)'을 실현하는데 있다. 이는 공자가 제자 안회(顔回)에게 "자기를 극복하고 예로 돌아가는 것이 인(克己復禮爲仁)"<論語>(顔淵)이라고 했던 데서도 알 수 있다. 이러한 정신은 중국이나 한국의 성리학자들이 강조하는 '천리를 보존하고 사사로운 욕망을 제거하라(存天理去人欲)'는 사상에서도 드러난다. 그러나 이러한 정신이 지나치게 금욕적으로 작용하여 상업적 이익을 바탕으로 하는 경제활동의 장애요소가 되어 온점도 많았다. 이러한 조선시대의 사농공상(士農工商)의 차별적 이해가 근대한국사회까지 영향을 미쳐 왔으나, 자본주의가 발달한 현대 사회에서는 더 이상 통용되지 못하는 개념이다. 그럼에도 불구하고 '이를 보면 의를 생각하라(見利思義)'의 정신은 여전히 기업이나 公私를 막론하고 유효한 정신으로 작용할 수 있는 것이다. 이것은 곧 자기 자신의 수양이 수신제가치국평천하(修身齊家治國平天下)에 이르는 길임을 말해 주는 것이다. 따라서 인터넷과 미디어 시대에 私와 더불어 公이 함께 중시되는 균형 잡힌 개성 있는 미래사회가 주목된다.

셋째, 유교의 역사관은 소통과 회복의 순환적 질서를 보여준다. 유교의 우주론에서는 태극의 동정(動靜)에 따라 음양의 변화가 일어난다. 자연에서의 '일음일양의 도'를 <맹자>(告子上)는 인간 역사에 적용하여 '한번 다스려지고(一治) 한번 혼란에 빠지는 것(一亂)'으로 이해했다. 이것은 또한 <주역>에서 말하는 "역은 궁한즉 변하고(易窮則變), 변한 즉 통하고(變則通), 통한 즉 오래간다(通則久)"라는 '궁窮-변變-통通-구久'의 순환적 질서와 관계가 있다. 이러한 유교의 순환적 역사관은 인류역사의 흥망성쇠와도 관련된 것으로서 한국의 유교사상가들도 이러한 순환적 역사관을 수용하고 있다. 이것은 日帝의 침략으로 인한 조선의 멸망과 새로운 질서의 회복을 꿈꾸었던 '종교운동'도 이 같은 변혁의 순환론-구원론을 믿었기 때문이다. 바로 이러한 변혁의 순환론은 언제나 위기가 닥칠 때마다, 혹은 부정부패가 만연한 시대일수록 새로운 질서와 세계의 희망을 알리는 '희망의 역사관'으로 기능할 수 있을 것이다. 따라서 '소통과 순환의 역사관'이 낡은 폐습을 몰아내고 새로운 질서를 영입하는 사상적 계기로 작동하기를 전망해 본다.

넷째, 한국 사회를 지배해 온 유교의 가치관으로서 예와 의의 도덕규범을 들 수 있다. 유교에서 예는 '인의예지신'의 오상(五常)의 중요한 덕목 가운데 하나로서, 한국 사회를 지탱해 온 가장 강력한 사상적 기초였다. <예기>에 의하면 예는 "친소(親疎)를 결정하고, 혐의(嫌疑)를 결단하며, 동의(同異)를 분별하고, 시비(是非)를 밝히는 것"이라고 했다.41) 따라서 예는 분별의 원리로서 질서를 이루는 기초적 개념이다. 하지만 예의 분별이 지나치게 엄격하여 차별이 심화되는 경우가 있다. 한편으로 예의 공경심 보다는 진정성 없는 형식주의로 전락할 우려가 높았다. 그래서 예는 악(樂)과 함께 조화를 이루었다. 분별과 화합의 균형 잡힌 조화인 것이다. 공자가

---

41) 『禮記』曲禮上, "夫禮者, 所以定親疎, 決嫌疑, 別同異, 明是非也"

<논어>(堯曰)에서 "예를 모르면(不知禮) 설 수 없다(無以立)"고 한 것처럼, 예의 중요성은 아무리 강조해도 모자람이 없지만, 예에 따른 절차가 복잡해질수록 그에 따른 是非가 형성되기에 봉건적 예교의 폐단을 벗어나서, 천리와 인도의 원칙에 입각한 예절은 유지하면서도 그 형식과 절차는 시대에 따라 변형과 적응이 가능한 것이어야 한다. 새 시대에는 새로운 옷으로 갈아입는 것과 같다.

또한 예와 더불어 중시되는 의는 유교문화에서 아무리 강조해도 지나침이 없다. 예와 의는 예악(禮樂)의 경우와 같이 상호 보완적인 작용을 한다. <맹자>가 말하는 '사생취의(捨生取義)'는 '절의(節義)'와도 상통하는 것이다. 이러한 '절의(節義)'는 특히 조선시대의 선비(士)들에게서 강하게 작용하였고, 현대에도 불의에 항의하는 많은 사람들의 귀감이 되고 있다. 따라서 작금의 정치적 혼돈의 시대에도 진리와 정의를 추구하는 백성들은 늘 깨어있는 양심으로서 유교적 전통이 중시하는 '의(義)'의 명분을 지켜 갈 필요가 있다. 한국의 '촛불 혁명'이 부패한 정권과 대통령을 탄핵했던 좋은 사례가 되고 있는 것이다.

Ⅳ. 결론

한국의 유교사상은 공맹 이래 전해진 정주성리학(程朱性理學)의 도통설(道統說)과 맥락을 같이 하면서, 조선시대 이후 현대까지 한국사상의 주요한 기틀을 이루어 왔다. 조선성리학을 대표하는 이퇴계와 이율곡의 이기론에 입각한 심성론은 중국 유교의 영향을 절대적으로 받은 것이지만, 동시에 사단칠정론이나 수양론의 측면에서 더욱 세분화되면서 발전하였다. 하지만 이러한 천리와 도덕에 기초한 성리학의 훌륭한 사상적 측면에도 불구하고, 그 사상이 지나치게 관념적으로 흐르면서 정치적 당쟁에 이데올로그로 이용되면서 조선사회의 분열과 다툼의 원인이 되기도 했다. 하지만 이기론의 경쟁적 쟁점은 결국 도심에 입각한 인간윤리의 원칙을 찾아내고자 했던 조선 성리학자들의 치열한 학문적 탐구의 결과이기도 했다.

중국에서 청나라가 명나라를 멸망시키고 새로운 왕조를 열면서 조선은 새로운 시대적 사조를 맞이하게 된다. 조선의 조정은 명나라를 숭상했지만 청나라는 멸시했다. 하지만 문명의 새로운 창조를 열망했던 박지원과 같은 조선의 신지식인들은 북학파를 형성하면서 청나라의 문물을 받아들이는 실사구시에 입각한 실학을 주창했고, 다산 정약용에 이르러서는 그 절정에 달했다. 1910년 일본이 한국을 강제 점령한 이후의 일제시대에는 한국유교가 항일운동에 앞장서기 위한 유교혁신운동으로서의 '종교운동'이 일어나기도 했지만, 한편으로는 일본에 이용되는 친일노선을 걷기도 했다. 이러한 불운한 시대를 겪으면서, 조선시대에 이어져 온 유교의 국가의례는 무너졌고, 유림들을 중심으로 '문묘(文廟)'나 서원(書院)등의 제사만 유지되었다. 가정의례로서의 조상제사는 여전히 유지되고 있었다. 해방이후에는 유교조직이 재정비되기 시작했고, 1969년에는 정부차원에서 '가정의례준칙'을 제정하여 한국 유교 전통의 예절문화는 계속되었다.

그러나 한국 사회에서 가부장제나 암암리에 전승되던 남존여비 사상 같은 엄격한 봉건적 유교문화는 현대화된 다양한 사회에서 더 이상 적응력을 잃기 시작했다. 따라서 지나친 형식주의적 예의문화는 시대적 현실에 맞게 대대적으로 개혁되어야 할 필요성에 직면해 있다. 이것은 전통의 단절을 의미하는 것이 아니라, 4차 산업혁명 시대와 같은 격변하는 시대의 조류에 맞는 유교문화의 개혁이 필요하다는 것이다. "새 술은 새 부대에 담아야" 하듯이 유교의 사상적 가치와 문화도 "온고이지신(溫故而知新)"하는 창조적 개혁이 필요하다. 이것은 한국 유교문화 풍토에서, 진보적인 유교학계의 연구 성과물이 상대적으로 보수적인 제도적 유교조직 사회에 들어가서 변화를 유도할 가능성은 높아 보인다.

한국유교가 직면하고 있는 최대의 과제는 급변하는 시대적 상황에서 어떻게 대체해 갈 수 있는지를 결정해 줄 수 있는 높은 이상적 수준의 지도력이다. 그 지도력은 높은 유교적 가치와 그 성격을 현대적으로 어떻게 재해석하고 재조명할 수 있느냐에 달려 있다. 인의예지와 같은 높은 유교의 이상적 가치를, 어떻게 변화하는 현실에 유연하게 개방적으로 적용할 수 있을 것인가 하는 문제다. 그 개방적 적용성은 인문 예술을 바탕으로 한 창조적이고도 도전적인 문화 예술의 전방위적인 노력을 필요로 하는 것이다. '제왕', 혹은 '천자 −천군' 중심적 사상에서 벗어나서, 공자의 '대동' 사상과 <맹자>가 역설한 '민본'사상과도 같은 민본−대동사상이 필요하다.

현대 사회에서는 '예와 의'도 중요하지만, 공자가 말한 '서(恕)'의 의미를 다시 실천하는 운동도 분쟁과 갈등의 시대에, 화해와 협력을 유도할 수 있는 훌륭한 유교의 덕목으로 보인다. 유교적 신분질서 사회에서 자본주의 사회로 이행함에 따라 사농공상의 귀천이 사라지고 있지만, 그 대신에 물신숭배 사상이 높아지고 있다. 이에 따라 빈부차별이 심화되면서 복지국가를 지향하는 오늘날 한국사회에서 유교적 가치가 어떻게 작동할 수 있을 것인가 하는 문제는 새로운 문제의식이 아닐 수 없다. 그것은 여전히 이기심에 기초한 사적 욕망의 추구보다는 공적 질서를 구현해 나가고자 하는 높은 '시민의식'이 필요하다고 생각된다. 그러한 세련된 현대적 시민의식의 기초로서 우리는 다시금 동양고전의 지혜와 유교문화의 가치를 배울 필요가 있다. 예컨대, '극기복례'와 '존천리거인욕(存天理居人欲)'으로 표현 될 수 있는, '타자에 대한 공공의 배려'와 같은 수준 높은 유교 사상을 배우고 실천하는 일이 오늘날의 난제를 풀어 갈 수 있는 소중한 유교적 가치가 아닌가 싶다.

〈참고문헌〉

琴章泰, 『韓國現代의 儒敎文化』, (서울: 서울대학교출판부, 1999)

김교빈, 『한국철학에세이』, (파주: 동녘, 2009)

김순석, 『近代儒敎의 改革論과 儒敎의 正體性』, (서울: 모시는 사람들, 2017)

김영두, 『退溪 인간의 도리를 말하다』, (서울: 푸르메, 2006)

러시아과학 아카데미 철학연구소, 『世界哲學史』, (부록편), (서울: 중원문화사, 2009)

白平 註釋, 『孟子詳解』, (北京: 人民文學出版社, 2014)

朴齊家, 『北學議』, 김승일 譯, (서울: 범우사, 2002)

송재소 외, 『茶山 丁若鏞 硏究』, (서울: 성균관대학교출판부, 2013)

이덕일, 『鄭道傳과 그의 시대』, (高陽: 玉堂, 2014)

李珥, 『栗谷全集』 卷14, 「人心道心圖說」; 『韓國文集叢刊』 44

李滉, 『退溪先生文集』 卷18, 「答奇明彦」; 『韓國文集叢刊』 29

(주) 한국갤럽조사연구소, 『한국인의 철학』, (서울: 한국갤럽, 2011)

陳來, 『宋明理學』, (沈陽: 遼寧敎育出版社, 1995)

http://kostat.go.kr/portal/korea/index.action

원불교 개벽사상의 현대적 의미와 실천적 방향

전 철 후

원불교 개벽사상의 현대적 의미와
실천적 방향

전철후

Ⅰ. 들어가는 말

한국은 지난 2세기 동안 역사적으로 혼란하고 격변의 시간을 보냈다. 종교적으로 보면 가톨릭교회를 중심으로 서양종교와 문화가 들여져 왔고 정치적으로는 조선시대의 종말과 함께 일제식민지를 지나서 6.25 전쟁이라는 민족사적인 비극을 맞이하기도 하였다. 이 기간 동안 한국은 정신, 문화, 정치를 막론하고 민족 정체성의 혼란의 시기를 겪게 된다. 이러한 격변의 시기에 1860년 수운 최제우(水雲 崔濟愚, 1824-1864)의 종교운동인 동학(東學) 또는 천도교(天道敎)를 비롯하여, 일부 김항(一夫 金恒, 1826-1898)의 정역(正易), 증산 강일순(甑山 姜一淳, 1871-1909)의 상제(上帝) 신앙 운동, 홍암 나철(弘巖 羅喆, 1863-1916)의 대종교(大倧敎) 및 다양한 단군(檀君) 계통의 신앙 운동, 그리고 소태산 박중빈(少太山 朴重彬, 1891-1943)의 원불교(圓佛敎)등 새로운 사상 및 종교 운동이 전개되었다.42) 이러한 한국의 토착화된 종교는 우리 민족의

---

42) 김홍철. 류병덕. 양은용 공저, 『한국신종교실태조사보고서』, 원광대

정체성을 확립하고 미래대망을 제시하는 과업을 종교적 차원으로
승화시켰다. 새로운 종교 운동은 한국의 민족적 정체성을 바탕으로
민중의 정신문화를 발전시키고 개혁하고자 하였으며 더 나아가서는
개벽(開闢)이라는 사상적 토대를 바탕으로 한국의 희망적인 미래관
과 세계관을 제시하였다.

그 중 원불교을 창시한 소태산 박중빈(少太山 朴重彬, 1891~
1943)의 개벽사상은 새 문명시대 도래에 대한 예견을 통해서 구체
적으로 나타난다.43) 소태산은 "지금은 묵은 세상의 끝이요 새 세상의
처음"44)이라 하였고 "돌아오는 세상이야 말로 참으로 크게 문명한
도덕세계"45)라 하여 불평등하고 불합리한 묵은 선천시대가 가고
평등과 합리가 공존하는 새로운 시대, 물질문명과 도덕문명이 개벽
되는 이상적인 시대가 올 것을 예견하고 있다. 이러한 후천개벽 시
대의 예견을 바탕으로 소태산은 "물질이 개벽되니 정신을 개벽하
자."라는 개교 표어 아래 진리적 종교의 신앙과 사실적 도덕의 훈련
으로써 광대무량 한 참 낙원세계를 건설 해 나가고자 한 것이다. 원
불교는 선행 민중종교들과 개벽사상을 공유 해 가면서도 후천세계
실현의 계기가 정신개벽에 있음을 가장 명확하게 밝히고 그것에 의
한 구체적인 방법론까지 제시 하였다.46)

위와 같은 견해를 바탕으로 격변의 시기를 거쳐 오면서 민중의

종교문제연구소, 1997.
43) 박광수, 「원불교의 후천개벽 세계관」,『원불교사상과 종교문화』44집, 원
불교 사상연구원, 2010, 82쪽.
44)『대종경』, 전망품 19장, 원불교정화사편,『원불교 전서』, 익산: 원불교
출판사, 1991, 392쪽.
45) 위의 책.
46) 대서수상 (Onishi Hidenao),「원불교의 민중종교사상 연구」,『한국사
상사학』, 한국사상사학회, 2008, 631쪽.

새로운 시대의 갈망을 대변하고 민족사적으로 중요한 사상적 기반이 되고 있는 한국종교의 개벽사상에 대한 역사적 배경과 특징을 살펴보고 원불교의 개벽사상의 현대적 의미로 시간적 차원의 개벽과 과학과 도학이 병진하고 물질과 정신이 함께 개벽되어 가는 시대와 신(神) 중심의 선천시대에서 인간 중심의 후천 시대로 변화되면서 인간과 생명의 조화에 대해 살펴보고자 한다. 이러한 원불교 개벽사상의 현대적 의미가 지금 시대에 준비하고 실천해 가는 방법으로 진리적 종교의 신앙과 도덕적 훈련으로서의 정신개벽과 은(恩) 사상에 바탕한 상생의 길에 대해 말하고자 한다.

II. 한국종교 개벽사상의 역사적 배경과 특징

1. 역사적 배경

19세기 말 조선은 정치적으로는 관료들의 부패와 무능에 따른 국가 기강의 문란과 약화현상을 지적할 수 있고, 사회적으로는 민중계층의 성장이 두드러져 대·소 민란이 빈번하였으며 이에 따라 민심이 크게 동요되었고 이양선의 출몰과 각종 전염병의 유행도 민심을 불안하게 하는 요인이 되었다. 경제적으로는 삼정(三政)의 문란이 있어 백성들의 생활고가 심각 하였으며 연이은 홍수와 가뭄에 따른 흉작이 민생을 괴롭혔다. 문화적으로는 당시에 지배적인 전통종교의 지위를 차지하였던 유·불·도가 일반 대중과 일정한 거리를 지녔음을 지적 할 수 있다.47) 또한 대외적으로는 외래종교의 서학이 들어오면서 조선의 유교적인 전통사회에 정면으로 충돌하게 되며 지배층과 피지배층 할 것 없이 한민족의 가치관이 크게 동요 되었으며 일본 제국주의 침략을 받아 암흑한 일제 강점기의 시기를 보내게 되었다. 이처럼 19세기 말부터 20세기 초까지 우리 민족은 내외적ㆍ대외적으로 격변의 시기를 보내게 되었다.

격변과 위기의 처한 민족의 역사적 상황에서 국가와 민족을 구원하기 위한 민족운동이 다양한 형태로 나타났다. 민족운동은 민족정체성(民族正體性)을 확립하고 나아가 민족의 미래희망(未來希望)을 제시하는 운동이다. 이러한 민족운동을 가장 충실하게 지킨 것이 바로 한국민족종교운동이었다. 민족의 정체성을 확립하고 민족의 미래희망을 제시하는 것을 종교적 이상의 차원으로까지 승화시킨 것이 바로 민족종교이기 때문이다.48) 민족종교는 이처럼 우리 민족이 한국 역사의 중심이라는 단일민족의 확고한 인식에서 더 나아가 그 내용을 종교적 차원으로까지 승화 시켰다. 그리고 종교적 차원으로서의 우주론적 변화의 시간적 이동의 관념과 세계관적 이념을 표현하고 있는 것이 '후천개벽'이다.

'후천(後天)'은 '선천(先天)'의 상대개념으로서 신종교의 창시자가 바라본 시대를 우주사적인 대전환기로 인식한데서 나온 것이다.49) 한국의 신종교는 한국사회의 변동에 대응하여 민중계층으로

---

47) 이경원, 「한국 신종교의 시대적 전개와 사상적 특질」, 『한국사상사학』, 2005, 434쪽.
48) 윤이흠, 「한국민족종교 개벽관의 종교사적 의의」, 『민족종교의 개벽사상과 한국의 미래』, 한국민족공교협의회, 2004, 436쪽.
49) 이경원, 「한국 신종교의 시대적 전개와 사상적 특질」, 『한국사상사학』, 2005, 448쪽

부터 시작된 자발적 종교운동이었다. 혼란했던 내·외 정세의 변동
에 따라서 시대적인 가치관 또한 변화되었으며 어려운 시대에 억눌
려있어야 했던 민중들에게는 새로운 시대에 대한 갈망이 있었을 것
이다. 이에 따라서 신종교의 선지자들은 당시의 한국사회의 민족의
식을 중심으로 하면서 보다 초월적이고 이상적 진리에 바탕한 새로
운 시대의 출현을 대변하고 있는 것을 '후천개벽'라는 사상으로 표
현한 것이다. 한국 신종교의 개벽사상은 선후천(先後天) 교역기를
통해 과거의 선천시대 오만년이 지나고 후천시대 오만년이 열리게
된다는 예언적 사상이다. 개벽사상은 근·현대사의 전개과정에서
새로운 미래 세상에 대한 한국적이해이며, 원환적(圓環的) 시간관
에50) 바탕한 세계관이다.

　본래 '후천'이라는 용어는 『주역』에 근거를 두고 있다. '선천이
천불위(先天而天佛違) 후천이봉천시(後天而奉天時)'51) 라는 언명
에서 천의(天意)에 대응하는 이상적 인간상을 그려 볼 수 있게 한
다.52) 중국철학에서의 선·후천 개념은 처음에 단순히 '시간성'을
내포한 서술적 용어로 사용되다가 송대 신유학에 이르러 현상계의
형이상학적 근거의 개념으로 차별화되었으며, 이것이 '본체와 작용',
'본질계와 현상계'로서 그 의미가 심화되어 나갔다고 본다.53) 한국
근대의 토착화된 종교에 이르게 되면 선천과 후천은 교조가 활동하
였던 시기를 기준으로 한 전·후의 시간대를 가리킨다. 특히 후천은

---

50) 김홍철, 「소태산의 개벽사상과 한국의 미래」, 『민족종교의 개벽사상과
　　한국의 미래』, 한국민족종교협의회, 2004, 208-209쪽 참조.
51) 『周易』乾卦, 文言傳.
52) 이경원, 「한국 신종교의 시대적 전개와 사상적 특질」, 『한국사상사
　　학』, 2005, 448쪽.
53) 이경원, 「한국 근대 신종교에 나타난 선.후천론의 특질」, 『신종교연구』
　　4집, 한국신종교학회, 233쪽.

교조의 종교적 이념이 반영된 변화하고 있는 세계를 일컫는 말로서
억눌린 민중의 현실이 구원된 새로운 이상세계를 말한다. 여기서
'개벽'이라는 표현은 그와 같은 후천이 도래하는 사회의 총체적 변화를
성스러운 종교적인 이상향의 세계라는 의미로 내포되어 있다. 즉
개벽사상의 배경에는 우주사적인 변화가 전제되어 있으므로 그에
속해있는 인간사회도 당연히 변화 될 수밖에 없다는 입장이다. 그
리하여 새 시대를 이끌고자 하는 선지자들은 기존의 민중에게 구시
대의 폐습을 버리고 새 시대의 가치관을 말함으로써 민중들이 역사
의 새로운 주체로 나설 수 있게 한 것이다.

2. 개벽사상의 특징

동학을 창시한 수운(水雲 崔濟愚, 1824~1864)은 그의 '시천주(侍
天主)'에서 하느님을 모시고 공경함에 따라 '물약자효(勿藥自效)'
하는 치병(治病)의 효과를 볼 수 있다고 강조하였다. 서학의 천주
신앙과도 차별화되는 그의 동학사상은 하느님의 영기(靈氣)를 체
인하는 과정을 통해 한국적 신학의 전기(轉機)를 마련할 것을 주장
하였다. 수운이 체험한 하느님의 존재는 무극대도(無極大道)의 가
르침을 내리는 계시자이며, 영부(靈符)와 주문(呪文)으로써 누구나
교체가 가능한 편재자(遍在者)이다. 그 신령스러운 가운데 감화됨
으로써 모든 인간의 신병(身病)이 고쳐지고 나아가 포덕천하(布德
天下)를 통해 개벽을 일으키는 전능자이기도 하다. '무위이화(無爲
而化)'로써 표현되는 하느님의 조화는 윤회(輪廻) 시운(時運)과도
같이 자연스럽게 사회를 개벽시킨다. 이후 '무병지난(無兵之亂)'을

거쳐 맞이하는 개벽후 오만년은 도성덕립(道成德立)하고 국태민안
(國泰民安)한 사회이며 빈천자가 부귀를 얻고 복록이 무궁한 시장
선경을 그리고 있다. 이를 위해서 모든 사람은 수심정기(修心正氣)
하고 성(誠)·경(敬)·신(信)의 실천을 행함으로써 그 사회적 구현
을 앞당기게 된다고 하였다. 이러한 수운의 사상에 대해서 천도교
에서는 정신개벽 민족개벽 사회개벽의 삼대개벽으로 구체화시키기
도 하였다.[54]

　　일부(一夫 金恒, 1826~1898)는 그가 지은 『정역(正易)』에 토
대를 두고 자연과 인간의 변화를 후천개벽으로 설명하고 있다. 그는
『정역(正易)』을 설명함에 있어 복희괘도(伏義掛圖), 하도(河圖)
와 낙서(洛書)를 비교함으로써 정역 후천의 새 세계가 도래할 것을
예언하였다.[55] 그의 개벽사상을 유남상은 「정역사상연구」를 통
해서 두 가지 측면에서 분석하고 있다. 첫째는 일월개벽(日月開闢)
으로서 우주운행의 질서 자체의 변화를 말하며 둘째로는 신명개벽
(神明開闢)으로서 인간의 내적 정신력의 변화를 의미한다.[56] 일월
은 천지자연을 대표하며, 현행의 윤력(閏曆)이 미래에는 정력(正
曆)으로 바뀌어져야 한다고 일부는 주장한다. 후천개벽이란 선천의
근본 역수(曆數)인 375도(度)에서 15도가 귀공(歸空)하여 1년이
360일이 되는 변화를 말한다. 이러한 후천세계는 우주가 최종적으
로 완성된 세계를 뜻한다. 이에 따라 전통적인 『주역』은 『정역』
을 위한 예비논리의 역할을 하는 것으로 본다. 『정역(正易)』은 인
간의 초인간적 변화 즉 인간의 근본적 개조 또는 인간성의 혁명 내

54) 이돈화,『新人哲學』, 천도교중앙총부, 1982, 148~ 161쪽 참조.
55) 유병덕, 『한국민중종교사상론』, 시인사, 1985, 37쪽.
56) 유남상, 「정역사상의 연구」, 『한국종교』1집, 종교문제연구소, 1971, 13쪽.

지 인간완성의 길을 강력히 주장한다.[57] 즉 우주적 일월개벽은 인간의 주체적 정신혁명을 통해 완성된다는 것이다. 일부에 의하면 역수원리와 정신원리는 우주와 인생의 측면만 다를 뿐 원리는 일치한다. 후천시대 신명개벽의 원리는 선천시대의 패륜(悖倫)이 가고 정륜(正倫)의 시대가 열리므로 모든 인간의 당위적인 노력이 필요하다는 것이다.[58]

홍암(弘巖 羅喆, 1863~1916)의 개벽관은 개천관으로 표명된다. 개벽이나 개천이나 모두 새로움을 지향한다는 면에서는 같다.[59] 홍암은 그의 사상적 근거로 삼고 있는 『삼일신고』의 철학을 통해 한배검님께서의 모든 가르침은 한민족을 통하여 거듭나며 이 가르침은 곧 삼일(三一)철학이니 이를 본 떠 행하면 전 인류가 새로워진다고 주장한다. 이러한 새로움을 지향하는 개벽의 이념은 곧 '중광(重光)'으로 표현되었다. 홍암의 대종교 중광운동을 시발로 해서 우주관·세계관·인생관·진리관이 달라져야 하고, 달라져야 할 이 철학은 한국에서 시작된 '삼일신고'가 이해되고 보급되어야 새 세계가 전개된다는 것이다.[60] 후에 대종교의 교맥을 계승한 백포 서일(徐一)종사는 그가 지은 『회삼경(會三經)』을 통해 선·후천을 논하고 후천지수(後天之數)까지 제시 하였다. 서일종사의 후천수는 낙서에 가일(加一)한 것으로써, 낙서를 선천으로 보고 자신의 후천수를 후천개벽의 진정한 수리라고 본 것이다.[61]

---

57) 황선명, 「정역으로 본 개벽사상과 한국의 미래」, 『민족종교의 개벽사상과 한국의 미래』, 민족종교협의회, 2004, 368쪽.
58) 유병덕, 『한국민중종교사상론』, 시인사, 1985, 39쪽.
59) 황선명, 「대종교의 개천사상과 한국의 미래」, 『민족종교의 개벽사상과 한국의 미래』, 민족종교협의회, 2004, 199쪽.
60) 유병덕, 『한국민중종교사상론』, 시인사, 1985, 56쪽.
61) 이찬구, 「한국역학사상의 개관」, 『신종교연구』 5집, 한국종교학회,

증산(甑山 姜一淳, 1871~1909)은 수운이 체험한 하느님의 존재가 직접 현신하여 나타났음을 밝히고 스스로 상제임을 선언하였다. 그의 생애에 행한 무수한 기행 이적은 마침내 '천지공사'라고 하는 대역사에 귀결되고 전무후무의 새로운 역사창조에 이론적 기반을 제공하였다. 즉 선천에서 후천으로 전환은 절대자의 권능이 없이는 불가능하고 또한 그 절대자는 관념적 표상이 아닌 현실의 인간으로서 대두되어야 만이 진정한 민중적 확신을 심어줄 수 있다는 것이다. 이에 따라 기층 민중들과 함께 한 9년간의 활동은 상제의 대순(大巡)을 상징하며, 그의 신비한 능력만큼이나 오늘날의 강한 신앙으로 전승되고 있다. 그의 후천개벽은 이른바 '원시반본(原始返本)'으로 근본 도덕을 회복하고, 상생(相生)의 원리로 지선(至善)을 실현하며, 해원(解冤)으로써 인류평화를 달성하고, 인존시대(人尊時代)로써 인간존엄의 극치에 이르는 지상낙원을 예시하고 있다. 이를 위해서 모든 인간은 '모사재천(某事在天) 성사재인(成事在人)'의 자각을 토대로 하여 일심(一心)의 수도를 해 나갈 것을 요구하고 있다. 현재 대순진리회에서는 이러한 증산의 후천개벽사상을 계승하여 '정신개벽' '인간개조' '세계개벽'이라는 목적을 제정하여 종단의 교리체계로 존숭하고 있다.62)

소태산 박중빈(少太山 朴重彬, 1891~1943)은 개교동기에서 물질문명이 발달되는 시기에 진리적 종교의 신앙과 사실적 도덕의 훈련으로써 정신의 세력을 확장하여 파란고해의 일체생령을 광대무량 한 낙원세계를 건설할 것을 말하고 있다. 이러한 세계의 도래를

2001, 56쪽
62) 이경원, 「한국 신종교의 시대적 전개와 사상적 특질」, 『한국사상사학』, 2005, 451쪽.

'광대무량한 낙원세계' 평화한 세계' 미륵 용화회상' 등으로 표현하였다.63)

근래 어떤 사람들은 이 세상은 말세가 되어 영영 파멸 밖에는 길이 없다고 하나 나는 그렇지 않다고 하노니, 성인의 자취가 끊어진 지 오래고 정의 도덕이 희미하여졌으니 말세인 것만은 사실이나, 이 세상이 이대로 파멸되지는 아니하리라. 돌아오는 세상이야말로 참으로 크게 문명한 도덕 세계인 것이니, 그러므로 지금은 묵은 세상의 끝이요, 새 세상의 처음이 되어, 시대의 앞 길을 추측하기가 퍽 어려우나 오는 세상의 문명을 추측하는 사람이야 어찌 든든하지 아니하며 즐겁지 아니 하리요.64)

선천에서 후천으로의 전환은 물질문명이 지배한 시대에서 상대적으로 정신의 세력도 확장되므로 크게 문명한 도덕세계를 이룩하는 것을 말한다. '금강(金剛)이 현 세계하니 조선이 갱조선(更朝鮮)'65)이라든가, '이 나라는 세계도덕문명의 못자리판'66), '이 나라는 세계 정신문명의 종주국이요 지도국으로 어변성룡(魚變成龍)'67)이 되어가고 있다는 표현을 통해 우리나라가 장차 크게 문명된 국가가 되어 세계의 강대국이요 지도국으로 성장 될 것이라 하며, 지금은 서양이 먼저 문명하지마는 해가 중천에 뜨면 온천지가 밝아지는 것과 같이 동양도 머지않아 문명이 발전되고 그 때가 되면 온 세상이 큰 도덕세계요 참 문명세계가 될 것이라고 소태산은 말하고 있다.68)

---

63) 유병덕, 『소태산과 원불교 사상』, 원광대학교 출판국, 1995, 304쪽.
64) 『대종경』전망품, 제19장, 391~392쪽.
65) 위의 책, 전망품 5장, 379쪽.
66) 위의 책, 전망품 4장, 378쪽.
67) 위의 책, 전망품 23장, 394쪽.

이처럼 개벽사상은 형이상학적인 관념뿐만 아니라 미래에 도래할 시대상을 담고 있다. 그 내용을 종합 해 보면 '어두운 시대가 가고 밝은 새로운 시대가 열림'을 의미 한다. 개벽사상은 수운에서 시작되어 일부, 증산을 거쳐 소태산에 이르기까지 그 논리 전개와 과정에 있어서 일련의 발전적 체계를 형성하고 있다. 즉 수운은 개벽의 선지자로서 후천개벽의 운수를 처음으로 부르짖었으며, 일부는 개벽의 역학자(易學者)로서 정역의 원리에 바탕하여 후천개벽의 논리적 근거를 제시하였으며 증산은 개벽의 설계자로서 천지공사에 의하여 후천개벽의 도수를 확정하였으며 소태산은 개벽의 완성자로서 정신개벽의 이념에 바탕하여 진리적 종교의 신앙과 사실적 도적의 훈련으로서의 실천적 방법론을 제시 하였다.[69]

Ⅲ. 원불교 개벽사상의 현대적 의미

1. 시간적 차원의 의미

개벽(開闢)이라는 말은 천개지벽(天開地闢)에서 유래 되고 있다. 하늘이 처음 열리고 땅이 새로이 이룩된다는 개념으로 천지가 처음 시작된 개벽을 경계로 하여 천지창조 이전을 선천(先天) 그

---

68) 위의 책, 전망품 21장, 393쪽.
69) 신일교, 「후천개벽사상의 연구」, 부산대대학원 석사학위논문, 1981, 90쪽.

이후를 후천(後天)이라는 개념으로 사용하였다. 한국종교의 개벽
사상은 선천과 후천의 시간성의 상징체계를 지니며 5만년 대운의
후천개벽시대에 상생과 조화의 이상적인 세계가 도래한다는 세계
관을 공유하고 있다. 따라서 선후천 도수의 변화에 대한 사상체계
를 성립하고 선천의 모순과 부조화를 넘어 후천의 조화로운 이상적
세계를 실현하고자 한 '개벽종교'라 말할 수 있다.[70] 후천개벽(後
天開闢)은 '천지도수(天地度數) 또는 '운도(運度)'라 부르는 우주
적 시간의 법칙에 따라 열려진다. 불합리와 불평등한 선천(先天)'
시대는 지나가고 새로운 '후천(後天)' 시대가 필연적으로 도래하는
데 그 시점에 대한 인식 차이가 있다. 도와 덕, 음양의 원리는 우주
창조의 원리, 생성 발전의 원리, 쇠퇴와 멸망을 거쳐 재창조의 원리
를 설명하는 동양 고대로부터 전래되어 오던 사상체계이다.[71]

소태산은 우주의 진급과 강급의 원리에 따라 후천개벽시대에
드러나는 동방의 한국은 도덕 세계이며, 참 문명세계라 하여 도덕
세계, 문명세계, 대명천지의 세계, 양세계가 된다고 전망하고 있다.
또한 "돌아오는 세상이야 말로 참으로 크게 문명한 도덕 세계일 것
이니 그러므로 지금은 묵은 세상의 끝이요, 새 세상의 처음"[72]이라
하여 지금까지는 볼 수 없었던 새로운 세상이 도래 할 것을 예시하고
있다. 특히 소태산은 일제치하에 고통 받는 조선의 어두운 상황을
밝게 예언하였다. 어느 제자가 "천지에 진강급이 있다 하오니 조선
이 지금 어느 기(期)에 있나이까."라고 묻자 일대겁(一大劫)만에
돌아오는 "진급기에 있나니라"고[73] 하였다. 진정한 우주의 이치는

70) 박광수, 「원불교의 후천개벽 세계관」, 『원불교사상과 종교문화』44집, 원
     불교 사상연구원, 2010, 81쪽.
71) 위의 논문, 79쪽.
72) 『대종경』, 전망품 19장, 392쪽.

만물이 상생상화로 다 같이 발전 될 수 있다고 보며74) 이는 당시 조선의 상황을 희망적이고 밝은 미래의 모습을 예견 한것 뿐만 아니라 이 세계와 만물을 상생상화로 조화 발전시키는 투쟁과 대립의 관계가 아닌 조화와 협력의 관점에서 후천개벽의 상황을 본 것이다.

수운은 1860년 4월 5일 하늘과 땅이 열리기 이전의 마음을 깨달았다고 한다. 천주로부터 "내 마음이 네 마음"이라는 말과 "귀신이라는 것도 나니라."라는 말을 들을 때 태초의 마음이 곧 활동하는 자신의 마음과 똑같다는 사실을 깨달아 '사람이 곧 하늘'이라는 가르침을 펴게 되었다. 하늘과 땅이 열려 우주가 처음 열렸듯이 수운은 경신년의 경험을 통하여 자신의 마음이 하늘과 같아지고 땅과 같아져서 새로운 사람이 되었음을 선언하게 된다. 마음이 하늘과 같아졌다는 것은 고요하고 끝이 없기가 하늘과 같다는 것이고, 땅과 같아졌다는 것은 마음이 무궁한 창조와 변화의 힘을 운영하는 중심이라는 뜻이다. 이렇듯 내 마음이 하늘처럼 고요하면서도 땅처럼 무궁한 조화를 운용하는 존재임을 아는 것을 수운은 '다시개벽' 또는 '후천개벽'이라 하였다.75)

수운은 이러한 영적 체험을 계기로 변화가 일어 날 수 있음을 굳게 믿었고 '개벽'이라는 말을 이때의 심정으로 나온 것이다. 수운은 하늘님이 우주의 창조를 주관하였다고 인식하고 있는데, 오만 년이라는 장구한 세월이 지나 그 존재가 자신에게 모습을 나타냈다고 믿었다. 당시를 말세의 의미를 지닌 하원갑이라고 하였듯이, 극단

73) 『대종경』, 변의품 6장, 240쪽.
74) 김홍철, 「소태산의 개벽사상과 한국의 미래」, 『민족종교의 개벽사상과 한국의 미래』, 민족종교협의회, 2004, 211쪽.
75) 오문환, 「수운의 다시개벽과 새로움의 미래」, 『민족종교의 개벽사상과 한국의 미래』, 민족종교협의회, 2004, 84쪽 참조.

의 위기의식에서 새로운 세상이 열리기를 희망하였고 그 시점에 천지창조의 주관자가 나타났다는 것은 '다시개벽'을 하기 위해서라고 받아들인 것이다. 따라서 수운은 천지창조와 같은 의미를 가지고 있고 그 근거는 하늘님과의 영적 접촉이었다.[76) 오만 년 전에 있었던 개벽은 천지가 생기는 개벽이었고, 수운이 말한 개벽은 다시 이루어질 개벽이었다. 개벽은 우주의 주재자인 하늘님과의 직접 대화를 나누었다는 종교적 경험을 하고 난 뒤에 나온 말이었고 이렇게 하여 수운의 후천개벽사상은 종교성을 띄게 되었다.

증산은 강세와 9년 동안의 천지공사를 통한 후천개벽을 이룬 것으로 여기고 있다. 증산의 개벽공사는 "옛날에도 지금도 없으며 남의 것을 계승함도 아니오. 운수에 있는 일도 아니오. 오직 내가 지어 만드는 것"임을 강조하고 있다. 허름한 집을 고쳐 위험하게 살기 보다는 완전히 새로 개축하여 안전하고 편안한 삶을 살고자 추구한 것이다. "나는 삼계의 대권을 주재하여 선천의 도수를 뜯어 고치고 후천의 무궁한 선운을 열어 낙원을 세우리라"는 포부를 가지고 공사(公事)에 임하고 있다.[77)고 하여 선천에서 후천으로의 근본적 변화를 가져오기 위해서는 선천의 상극적인 천지 도수를 뜯어 고치고 신명을 조화하는 것이 중요하다고 본 것이다.

소태산은 후천개벽 시대에는 어두운 음(陰) 시대가 가고 밝은 양(陽) 시대가 도래 할 것을 예언 하면서 이러한 거대한 역사적 변천을 '원시반본(原始反本)하는 시대'라 하였다. '원시반본 하는 시대'란 우주의 진리가 무시무종(無始無終)과 불생불멸(不生不滅)오 무한히

---

76) 김형기, 『후천개벽사상 연구』, 한울아카데미, 2004, 28쪽 참조.
77) 『전경(典經)』, 공사(公事) 1장 2절, 97~98쪽. 대순진리회 교무부,『전경(典經)』, 대순진리회 출판부, 1987.

돌고 도는 것을 표현하여 처음 출발한 근본 원점의 시대로 되돌아
오는 것이다.78) 한 제자가 "우리 회상이 대운을 받아 건설된 회상인
것은 짐작되나 교운(敎運)이 몇 만년이나 뻗어나갈지 알고 싶다"라
는 질문에 소태산은 "이 회상은 지나간 회상과 달라서 자주 있는 세
상이 아니요, 원시반본하는 하는 시대를 따라서 나오는 회상이라
그 운이 한량없다."고79) 답하였다. 원시반본하는 시대는 선·후천
이 변화하면서 어둡고 묵은 세상이 가고 고대의 이상적 세계를 설정
하고 밝고 새로운 새 세상이 시작되었음을 말하는 것이다.

소태산은 이러한 시대적인 변천을 우주의 진·강급과, 낮과 밤이라
표현하였고, 정산은 음과 양의 세계로 표현하였다.

'천지에 진강급이 있다 하오니 조선이 지금 어느 기에 있나이까'.
대종사 답하시기를 '진급기에 있나니라.' 다시 여쭙기를 '진강급의
기한은 얼마나 되나이까.' 대종사 답하시기를 '과거 부처님 말씀에
일대겁(一大劫)으로 천지의 한 진강급기를 잡으셨나니라.'80)

지금 세상의 정도는 어두운 밤이 지나가고, 바야흐로 동방에 밝은
해가 솟으려 하는 때이니, 서양이 먼저 문명함은 동방에 해가 오를
때에 그 광명이 서쪽 하늘에 먼저 비침과 같은 것이며, 태양이 중천
에 이르면 그 광명이 시방세계에 고루 비치게 되나니, 그때야 말로
큰 도덕 세계요, 참 문명세계니라.81)

음 세계와 양 세계는 곧 밤 세계와 낮 세계 같나니라. 밤은 어두
운지라, 모든 사물을 바로 분간하기 어렵고, 설사 안다 할지라도 국

78) 박광수, 「원불교의 후천개벽 세계관」, 『원불교사상과 종교문화』 44
집, 원불교 사상연구원, 2010, 84쪽.
79) 『대종경』, 전망품 30장, 397~398쪽.
80) 『대종경』, 변의품 6장, 240쪽.
81) 『대종경』, 전망품 21장, 393쪽.

한된 범위만 알게 되며, 또는 밤이 되면 서로 문호를 닫고 잠을 자게 되는 것 같이 음 세계의 시대는 막히고 좁고 활동이 적고 또한 치우침이 많나니라. 그러나 양 세계는 곧 대낮과 같아서 인지가 고루 진화하고, 주의 주장이 밝고 원만해 지며, 문호가 서로 열리게 되고, 서로 만나 넘나들며 활동하는 세상이라, 이른 바 대문명 세계니라.[82]

선천 시대는 어두운 시대이고 음(陰) 시대이며 이 시대에는 서로 막히고 활동이 적어서 서로 문호를 개방하지 못하고 한 곳으로 치우침이 많다고 하였으나, 새로운 후천 시대에는 어두운 밤이 지나가 새로운 동방의 해가 떠오르는 시대이며, 이러한 밝은 시대에는 진급하는 시기이며 문호가 열리고 서로가 만나면서 넘나드는 활동하는 세상이라 예견하였다. 당시 민족과 국가가 일제 강점기의 시대적 상황으로 볼 때 암울하고 어두운 미래가 민중들에게 자리하고 있었으나 소태산은 지금의 시대는 동방의 밝은 해가 떠오르는 진급기라 후천개벽을 통해 희망적 미래관을 제시 하였다.

정산종사는 과거 시대는 좁은 시대요 새 시대는 훨씬 더 너른 시대라 판이 마구 넓어 지나니 이런 세상 만나기 어렵다고 하고 소태산이 말한 대명국이란 곧 대명세계를 의미한다.[83]고 하였다. 또한, 대산 종사는 소태산이 선천과 후천의 기점을 갑자년으로 두고 새로운 시대에 맞는 새 종교가 들어서야 할 것을 말 하고 있다.

'대종사님께서는 선후 천(先後天)의 측량기점(測量基點)을 지난 갑자년(甲子年·一九二四) 정월초일일(正月初一日)에 두시고, 또 수운선생(水雲先生) 께서도 갑자년으로 잡으셨으니, 이 때가 천지

---

82) 『정산종사법어』, 도운편 11장, 981쪽.
83) 『정산종사법어』, 유촉편 4장, 1006~1007쪽 참조.

개벽의 비롯이며, 갑자 이전은 선천(先天)이요, 음시대(陰時代)며, 갑자 이후는 후천(後天)이요, 양시대(陽時代)이다. 과거 음시대에 있어서는 신계(神界)에서 인계(人界)를 지배하였으나, 오는 양시대에는 이와 반대로 인계에서 신계를 지배한다. 이에 따라서 과거의 모든 법은 들어가고 새 법이 나와야 한다. 낮이면 낮의 법이 있고, 밤이면 밤의 법이 있듯이 과거에는 과거의 법이 있었고 현세에는 현세(現世)에 알맞는 법이 있어야 한다. 앞으로 백년만 지나면 과거의 모든 윤리(倫理)·도덕(道德)·철학(哲學)이 거의 들어가게 될 것이며, 다시 음(陰)시대가 온다면 모르거니와, 과거의 도덕은 그대로 쓰기 어려울 것이요, 이것을 쓰려면 반드시 새로운 법주(法主)가 한번 주물러 내놓지 않으면 안된다. 또한 종교도 역시 새 세상에 맞는 새 종교라야 한다.'[84]

소태산은 선천시대에서 후천시대로의 변화 된 기점을 갑자년(甲子年·一九二四) 정월초일(正月初一日)로 보고 천지순환의 이치와 우주 진강급의 원리에 따라 현대 이후가 대명천지의 양(陽) 세계요 크게 문명된 광대무량한 낙원 세상이 올 것임은 분명하나 이러한 세상은 어디까지나 인간의 정신개벽이 이룩된 이후라야 그런 세계가 도래 될 것임을 말하고 있다.

2. 물질문명과 정신문명의 공존

현대문명에 대한 종교의 역할에서 현대사회 문제에 대한 직접적

---

84) 『대산종사 법문집』제2집, 제1부 교리, 원불교출판사, 1988, 55~56쪽 참조.

이고 전반적인 처방일 수는 없으나 인류가치관의 형성과 정신생활
에 도움을 줌으로써 기초적인 공헌을 할 수 있다. 이 말은 현대문명
의 모순과 문제들을 해결해 나가는 데 있어서 과학문명과 대비되는
개념인 정신문명을 다루는 종교의 역할이 중요하다는 것이다. 또한
정신문명은 과학문명과 상호 연관성을 맺고 있으며 과학문명의 폐
단은 정신문명으로 극복할 수 있음을 강조하고 있는 것이다. 올바
른 현대문명에 알맞은 가치관을 제시하기 위해서는 정신문명, 즉
정신개벽이 병행되어야 하고 현대문명의 모순을 해결하기 위해선
보다 근본적인 가치가 정신적인 부분에 부여되어야 한다.

종교의 역할은 무엇보다 정신적인 주체성을 회복하여 물질문명이
가져다주는 병폐를 극복 할 수 있는 힘을 기르는 데 있다. 인간이
본래 정신을 회복하지 못한다면 현대의 과학문명은 오히려 인류에
게 큰 해독을 미치게 된다. 과학은 중립적이다. 과학이 선할 것인가
악할 것인가는 인간이 그것을 어떻게 사용하는가에 달려 있다.[85]

바람직한 문명의 방향성은 물질문명과 그것을 사용 할 정신문명의
균형·조화로운 발전에 있으며 현대문명의 올바른 방향성을 위해
서는 정신개벽은 뗄 수 없는 관계에 있다. 소태산은 "천하에 벌어진
모든 바깥 문명이 비록 찬란하다 하나 오직 마음 사용하는 법의 조종
여하에 따라 이 세상을 좋게도 하고 낮게도 하나니, 마음을 바르게
사용하면 모든 문명이 다 낙원을 건설하는 데 보조하는 기관이 되는
것이요, 마음을 바르지 못하게 사용하면 모든 문명이 도리어 도둑
에게 무기를 주는 것."[86]이라 말하며 정신개벽 즉, 도덕문명 건설은
과학문명을 올바르게 사용하는 근본이 된다는 것이다. 인류의 미래는

---

85) 안재구,『철학의 세계, 과학의 세계』, 죽산신서, 1991, 219쪽.
86)『대종경』, 교의품 30장, 131쪽.

불확실한 시대가 전개되고 있어서 예측하기가 어려우나 소태산은 "안으로 정신문명을 촉진하여 도학을 발전시키고 밖으로 물질문명을 촉진하여 과학을 발전시켜야 영육이 쌍전하고 내외가 겸전하여 결함 없는 세계가 되리라."[87]고 말하며 우리 모든 인류가 보편적으로 지향해야 할 이상의 세계를 위한 실천적 과제는 도학과 과학을 함께 발전시켜 나가야 한다는 것이다.

소태산의 개벽사상은 두루 아우른다는 원만 병진의 의미가 강조된다. 이는 선천의 음세계가 가지는 편협성과 결함을 극복하고 후천의 광대무량한 양세계가 가지는 정신의 반영이라 할 수 있다. 소태산은 미래의 이상적인 문명 형태를 정신문명과 물질문명이 공존하는 상태에서 찾고 있다. 그러므로 안으로 정신문명의 근거로서 도학과 밖으로 물질문명의 근거로서 과학의 발전이 아울러 중요함을 강조한다. 정신문명과 물질문명을 함께 병진 해 가는 소태산의 이념으로는 '영육쌍전(靈肉雙全)'을 들 수 있으며 영과 육의 넓은 의미로는 정신문명과 물질문명을 뜻한다.[88]

『정전』 제3수행편, 제16장 '영육쌍전' 법에서 살펴보면, 소태산은 "이제부터는 묵은 세상을 새 세상으로 건설하게 됨으로 새 세상의 종교는 수도와 생활이 둘이 아닌 산 종교라야 하며, 법신불 일원상의 진리와 수양, 연구, 취사의 삼학으로써 의, 식, 주를 얻고 의, 식, 주와 삼학으로써 영육을 쌍전하여 개인 가정 사회 국가에 도움이 되게 하자는 것."[89]이라 말 하였다. 즉 영(靈)의 구제와 함양을 목

87) 위의 책, 교의품 31장, 131쪽.
88) 김낙필,「소태산의 원불교사상」,『근대 한국민중 종교사상』, 학민사, 1983, 207쪽.
89) 『정전』,「수행편」, 제16장 영육쌍전법, 원불교정화사 편,『원불교전서』, 익산: 원불교출판사, 1991, 89쪽.

표로 하는 수도와 의, 식, 주 생활의 건전한 목표로 하는 물질생활이 조화되어야 개인뿐만 아니라 가정, 사회, 국가까지도 도움이 된다는 것이다.

'영육쌍전'의 내용은 크게 다음과 같이 정리 할 수 있다.

① 심신의 근로와 구도의 병진

② 경제생활과 구도의 병진

③ 과학과 구도의 병진

④ 건강과 구도의 병진

이와 같이 '영육쌍전'의 이념은 소태산의 일원사상에서 볼 때 일원상의 원리에 가장 부합되는 생활원리이며[90] 선천의 편협성과 결함을 극복한 후천세계의 원만하고 광대한 정신의 상징이다. 그러므로 진리의 현실적 구현 즉 개벽의 관점에서 '영육쌍전'의 의미는 크게 부각되어야 하며 이러한 특징을 근간으로 해서 물질과 정신이 함께 병진되어야 한다.

3. 인간과 생명의 조화

소태산은 『정전』 일원상장에서 '일원은 우주만유의 본원이며 제불제성의 심인이며 일체중생의 본성'[91]이라 하여 일원의 궁극자리와 인간의 본성자리는 둘이 아님을 말하였고 '일원상의 진리를 깨달으면 우주만물이 한 자리로 성립되어 있으며 제불조사와 범부중생의 본성도 모두 동일함을 알게 된다.'[92]고 하였다. 또 '일원 즉 사

90) 송천은, 『종교와 원불교』, 원대출판국, 1975, 428~ 473쪽 참조.
91) 『정전』, 「교의편」, 제1장 일원상, 제1절 일원상의 진리, 23쪽.

은이요, 사은 즉 삼라만상'93) 이라고 하면서 이는 우주의 근본 진리 자리나 성현의 본성이나 범부의 근본 마음자리나 삼라만상의 본질이나 모두 둘이 아님을 말하고 있는 것이다.94)

대부분의 인간은 결함과 모순의 불합리성을 간직하고 있지만 이러한 일원의 진리를 오득하고 그 자리와 합하여서 본성을 회복하게 되면 스스로 우주의 중심에 서게 되는 것이며, 천지를 조종하고 지배하게 되는 주재자가 되는 것이다. 하지만 천지에 아무리 무궁한 이치와 위력이 있다 할지라도 사람이 그 도(道)를 보아다가 쓰지 아니하면 이는 빈 껍질에 불과하다.

"천지에 아무리 무궁한 이치가 있고 위력이 있다 할지라도 사람이 그 도를 보아다가 쓰지 아니하면 천지는 한 빈 껍질에 불과할 것이어늘 사람이 그 도를 보아다가 각자의 도구같이 쓰게 되므로 사람은 천지의 주인이요 만물의 영장이라 하나니라. 사람이 천지의 할 일을 다 못하고 천지가 또한 사람의 할 일을 다 못한다 할지라도 천지는 사리 간에 사람에게 이용되므로 천조의 대소 유무를 원만히 깨달아서 천도를 뜻대로 잡아 쓰는 불보살들은 곧 삼계의 대권을 행사함이니, 미래에는 천권(天權)보다 인권(人權)을 더 존중할 것이며, 불보살들의 크신 권능을 만인이 다 같이 숭배하리라."95)

소태산은 우주의 진리를 깨달아 천도를 마음대로 잡아 쓰는 성현의 경지는 진리의 주도권을 잡고 있는 것이며, 미래에는 천권보다 인권이 더 존중 될 것이라 하였다. 따라서 인간의 존재는 하늘(天)

---

92) 위의 책, 제5절 일원상법어, 25쪽.
93) 『대종경』, 교의품 4장, 113쪽.
94) 김홍철, 「소태산의 개벽사상과 한국의 미래」, 『민족종교의 개벽사상과 한국의 미래』, 민족종교협의회, 2004, 220쪽.
95) 『대종경』, 불지품 13장, 273~274쪽 참조.

과 같이 존귀하고 소중한 존재가 되는 것이다. 인간 가치의 선양과 근본진리를 깨달은 성현에 대한 존중은 인간중심 사상의 핵심이 된다. 근본진리를 깨닫고 천권을 잡아 뜻대로 부려 쓰는 성현 사상을 전개한 소태산의 사상은 인간중심적이라 할 수 있다. 우주의 진리관은 각(覺)에 의존해 있고 각(覺)은 인간이 하는 것이다.[96] 진리를 깨달은 주재자가 성자이고 성자는 인간이기 때문에 진리의 주재자로서의 인간본위가 되지 않을 수 없다.

소태산은 '사람은 만물의 주인이요 만물은 사람의 사용할 바이며 인도(人道)는 인의(仁義)가 주체요 권모술수는 그 끝이라. 사람의 정신이 능히 만물을 지배하고 인의의 대도가 세상에 서게 되는 것은 이치의 당연함.'[97]이라 하여 인본중심사상을 강조하였다. 사람이 만물의 주인이요 지배적인 위치에 있다함은 인간에 의한 정복이나 지배의 합리화보다도 도덕적 인간본성의 유지와 주인의 입장에서의 원만한 통솔을 말한다.[98] 만물이라는 개념 속에는 동물까지 포함되므로 주인으로서의 동물의 사용은 가능한 한 인도주의적 인본사상에 서게 된다.[99] 이는 인간이 만물의 영장임을 말하면서도 모든 만물을 착취하여 사용하는 지극히 인간 중심적인 사고가 아니라 인간 이외의 존재에 대해서도 경외심을 가지고 그 생명에 대해 인간이 해야 할 도리를 다 해야 한다는 것이다.

생명에 대한 인식은 인간과 동물뿐만 아니라 폭넓게는 금수초목

96) 송천은, 「원불교사상에 나타난 인본사상」, 『원불교사상』 2집, 1977, 265쪽.
97) 『대종경』, 서품 5장, 96쪽.
98) 송천은, 위의 책, 266쪽.
99) 김홍철, 「소태산의 개벽사상과 한국의 미래」, 『민족종교의 개벽사상과 한국의 미래』, 민족종교협의회, 2004, 221쪽

까지도 포함하고 있다. 『정전』, 「동포은」에서 살펴보면 "사람도 없고 금수도 없고 초목도 없는 곳에서 나 혼자라도 살 수 있을 것인가 하고 생각 해 볼 것이니, 그런다면 누구나 살 지 못 할 것은 인증할 것이다."100)라고 하여 나와 다른 생명체 그리고 넓은 의미로 인간과 금수초목까지의 식물까지도 서로 없어서는 살 수 없는 관계라 하였다.

소태산은 새로운 개벽시대에는 인간의 깨달음은 천권까지도 부려 쓸 수 있으며 사람의 정신이 만물을 지배하여 인도의 대의가 서게 된다고 하였다. 이는 인간중심적인 인본 사상이나 잘못 된 의미 해석으로 인간 외의 만물에게 경외심을 놓고 함부로 사용하자는 것이 아니다. 나와 금수초목까지의 생명은 없어서는 살 수 없는 관계라 생명의식을 새롭게 하는 일은 사유에 있어서 그만큼 인간 생명 위주의 사고방식에서 벗어나 만유생명까지도 인간의 의식 속으로 주입해야 한다101)는 것이다. 정신문명과 물질문명이 함께 발전 해 가고 서로 진급 해 가는 양(陽) 시대인 새로운 개벽 시대에는 인간과 일체생령이 서로 상생 상화하고 조화로운 세상이 되어야 소태산이 말 한 광대무량한 낙원세상이 올 것이다.

---

100) 『정전』, 「교의편」, 제2장 사은, 제3절 동포은, 제1동포피은의 강령, 33쪽.
101) 류성태, 「소태산의 생명관」, 『정신개벽』 13집, 1994, 179쪽.

Ⅳ. 원불교 개벽사상의 실천적 방향

1. 정신개벽 운동의 전개

소태산은 '과학'은 의식주 등 인간의 육신 생활을 편리하고 윤택하게 하는 '물질문명'이며, '도학(道學)'은 정신적 생활을 풍요롭게 하는 것으로서 '정신문명'은 '도덕문명'이란 뜻으로 사용 하였다. 도학과 과학의 관계는 주종의 관계로써 과학문명을 사용할 정신문명이 발전되어야 하며, 도학과 과학이 조화롭게 발전될 때에 이상적인 세계가 된다고 보았다.[102]

안으로 정신문명을 촉진하여 도학을 발전시키고 밖으로 물질문명을 촉진하여 과학을 발전시켜야 영육이 쌍전하고 내외가 겸전하여 결함 없는 세상이 되리라. 그러나 만일 현대와 같이 물질문명에만 치우치고 정신문명을 등한시하면 마치 철모르는 아이에게 칼을 들려준 것과 같아서 어느 날 어느 때에 무슨 화를 당할지 모를 것이니, 이는 육신은 완전하나 정신에 병이 든 불구자와 같고, 정신문명만 되고 물질문명이 없는 세상은 정신은 완전하나 육신에 병이 든 불구자와 같나니, 그 하나가 충실하지 못하고 어찌 완전한 세상이라 할 수 있으리요. 그러므로 내외 문명이 병진되는 시대라야 비로소 결함 없는 평화 안락한 세계가 될 것이니라.[103]

지금의 현대 사회에서의 물질적 변화는 급속도로 발전되어 가고

---

102) 박광수, 「원불교의 후천개벽 세계관」, 『원불교사상과 종교문화』 44집, 원불교 사상연구원, 2010, 86~87쪽 참조.
103) 『대종경』, 교의품 31장, 131~132쪽.

있다. 하지만 이러한 급변하는 시대에 정신문명이 등한시 된다면 '철모르는 어린아이에게 칼을 들려 준 것'처럼 자신의 생각하지 않고 의도하지 않은 상황에서 상대방에게 피해를 줄 수도 있다. 또한 정신문명만 되고 물질문명이 없는 세상은 육신에 병이든 불구자와 같고, 물질문명만 되고 정신문명이 없는 세상은 육신은 완전하나 정신에 병이든 불구자 같다고 하여 정신문명과 물질문명이 고루 발달 되어야만 결함이 없는 평화 안락한 세계가 될 것이라고 소태산은 말하고 있다.

소태산 개벽사상의 중요한 특징은 수운·일부·증산에서 충분히 제시되지 못했던 개벽의 실천적 방법론을 종교적인 신앙과 수행의 형식을 통해서 구체적으로 밝혔다는 점이다. 즉 개벽 세계의 건설에 있어서 수운은 개벽의 운도론적인 면을 강조하였고, 증산은 천지공사를 통한 선경 건설의 상징적 구조와 계획을 제시하였음에 비하여, 소태산은 과학 문명과 정신문명의 쌍전을 주장하는 한편 그러한 쌍전의 중심 원리로서 정신개벽의 실천적 방법론을 제시하였다.104) 이러한 실천적 방법론으로 새 종교의 문을 열게 된 이유와 목표를 밝힌 「개교의 동기」에서 살펴보면 물질문명이 발달됨에 따라 물질을 사용하여야 할 사람의 정신이 날로 쇠약 해져서 물질의 노예 생활을 면하지 못하게 되어 파란고해의 고통을 받을 것이라 하였고, 이를 극복하기 위해서는 '진리적 종교의 신앙과 사실적 도덕의 훈련'으로서 인류사회를 광대무량한 낙원세계로 인도105)하고자 하였다. 이는 인류의 고통을 제거하고 인류를 이상의 낙원으로 인내

104) 신일교, 「후천개벽사상의 연구」, 『석. 박사 학위논문집 제 1권』, 학위논문간행위원회, 1988, 587쪽.
105) 『정전』, 「총서편」, 제1장 개교의 동기, 21쪽.

할 미래 지향적인 종교는 진리적이고 사실적이어야 한다는 것이다.

진리적 종교란 종교세계 안에서 보편화 되고 있는 근본 교리를 지칭하는 종교의 진리와는 구별되어지며, 진리에 근거한 참된 교화를 말하는 것으로 역사성·사회성·인간성·윤리성·과학성 등을 포함하는 종교를 말한다. 따라서 제도종교로서 절대화에 급급하여 굳어져 가는 현상은 보이지 않으며 결코 우상화 되지 않는 종교이다. 그러므로 소태산이 제창한 진리적 종교는 사람들로 하여금 그것을 신앙하게 하고 동시에 사실적 도덕으로 훈련시켜야 함을 강조한 것이다.106) 소태산은 형식적인 차이를 초월한 근원적인 하나의 진리자리인 일원상을 등장시켜 현상과 본체, 정신과 물질, 동과 정, 자력신과 타력신, 종교의 현실 생활 그리고 여러 종교의 형이상학적 상징들이 무리 없이 융통되고 포괄되면서 통합 될 수 있는 넓은 길을 제시 하였다.107) 그러므로 진리적 종교는 일원상의 진리가 들어있고, 역사의식이 들어있으며, 순수한 인간성이 들어있으며, 사회성과 과학성이 들어있다.108) 이와 같은 진리적인 종교를 신앙하자는 것이며 즉, 우상이나 방편 그리고 미신 등을 신앙하자는 것이 아니라 진리에 근거하여 교리와 제도가 형성된 종교를 신앙하는 것이다.

사실적 도덕이란 진리에 입각하여 근본을 다스리는 도덕이며 사실적으로 윤리를 바로 잡는 도덕이다. 이론화 되었거나 우상화된 도덕이 아니라 진리적 종교의 신앙에 근거를 둔 도덕으로서 우주의 원리를 체득하여 실제로 인간 개개인의 인격에 유익을 주며, 인간

---

106) 류병덕, 「소태산이 본 미래세계와 종교」, 『소태산 사상과 원불교』, 원광대 출판국, 1995, 250쪽.
107) 김홍철, 「소태산의 개벽사상과 한국의 미래」, 『민족종교의 개벽사상과 한국의 미래』, 민족종교협의회, 2004, 238쪽
108) 류병덕, 『원불교와 한국사회』, 원광대학교 종교문제연구소, 1977, 82쪽.

생활 자체에 직접적으로 유익을 주며, 그 시대의 사회와 국가 세계에 유익을 주며, 모든 인류를 위해 크게 공헌하는 도덕의 실천을 말한다.109) 과거의 성자들은 진리적 자아 완성을 위해 구체적인 실천방안을 제시하기 보다는 초월적인 존재에 대한 믿음이나 절대적 신앙을 강조하거나 사실적이지 않고 방편적인 방법을 제시하는 경우가 많았다. 하지만 소태산은 진리를 자신의 인격에 내면화 시키는 수행방법인 삼학과 이를 보다 전문적이고 세밀하게 단련시켜 나갈 수 있는 방법으로는 11과목의 훈련법을 제시하여 진리적인 자아 완성을 위한 수행 방법을 제시 하였다.

　소태산은 1917년 제자들에게 "우리가 건설할 회상(會上)은 과거에도 보지 못하였고 미래에도 보기 어려운 큰 회상이라, 그러한 회상을 건설하자면 그 법을 제정할 때에 도학과 과학이 병진하여 참 문명세계가 열리게 하며,..."110)라고 말하며 회상의 창립과 세계의 일대 전환기를 과학문명의 발달에 따른 물질개벽과 그에 따른 인류의 정신과 도덕의 위기가 극복되어 정신문명이 발달 되는 정신개벽의 시기로 생각하였다. 그는 물질문명의 피해를 극복하는 데 진리적 종교의 신앙과 사실적 도덕의 훈련의 정신개벽을 필 수 조건으로 보았다. 개교표어로서 「물질이 개벽되니 정신을 개벽하자」고 하여 그의 개교의 목적이 바로 이 정신개벽에 있음을 보여 주고 있다.111)

---

109) 류병덕, 『한국사상과 원불교』, 교문사, 1989, 488쪽.
110) 『대종경』, 서품 8장, 97~98쪽 참조.
111) 신일교, 「후천개벽사상의 연구」, 『석. 박사 학위논문집 제1권』, 학위논문간행위원회, 1988, 587쪽.

2. 은(恩) 사상에 바탕 한 상생의 길

석가모니의 사상을 자비, 공자의 사상을 인(仁), 예수의 사상을 사랑이라 할 수 있다면 소태산의 사상은 한마디로 은(恩)이라 할 수 있다. 만물은 상생 상화하는 은적관계로 연결되어 있다고 보는 것이다. 따라서 우주와 만물이 존재하고 생성발전 하는 조화력으로 이 은(恩)을 보는 것이다. 그러므로 은(恩)은 무한동력(無限動力)이요 대 생명력이라 할 수 있으며 나의 존재 근거를 들어내 주는 없어서는 살 수 없는 생명적 관계가 바로 이 은(恩)인 것이다. 근원적 견지에서 볼 때 우주 구성의 원리가 은(恩)으로 되어 있다고 본 것이다.112) 은(恩) 사상은 한국 전래의 해원사상과 불교의 연기적(緣起的) 세계관을 바탕으로 발전된 사상이다. 해원상생의 은(恩) 세계는 우주내의 모든 생령 뿐 아니라 우주 자체가 총체적으로 연기적 은혜의 관계를 지니고 있음을 설정한다.113)

소태산은 모든 존재는 없어서는 살 수 없는 유기적 관계 속에서 생존이 영위되고 있음을 사은으로 설명하였다. 천지, 부모, 동포, 법률의 사은은 인간과 자연의 상호의존성과 부모와 동포의 인간 상호관계 그리고 사회규범과 제도의 구조적 의존관계를 없어서는 살 수 없는 관계라 하였다. 이러한 관계는 생존과 삶 그 자체를 상생적인 은혜의 관계로 인식하여 상호 대립적이고 상극의 관계로써는 삶을 영위하는 그 자체가 성립 될 수가 없다. 그러므로 인류의 사회는 서로 상생 조화의 관계 속에서 이루어진 것이라 보는 것이다.

---

112) 김홍철, 『원불교사상 논고』, 211~219쪽 참조.
113) 박광수, 「원불교의 후천개벽 세계관」, 『원불교사상과 종교문화』44집, 원불교 사상연구원, 2010, 91쪽.

미륵불 시대가 완전히 돌아와서 용화 회상이 전반적으로 건설된 시대의 형상은 인지가 훨씬 밝아져서 모든 것에 상극이 없어지고 허실과 진위를 분간하여 저 불상에게 수복을 빌고 원하던 일은 차차 없어지고, 천지 만물 허공 법계를 망라하여 경우와 처지를 따라 모든 공을 심어, 부귀도 빌고 수명도 빌며, 서로서로 생불이 되어 서로 제도하며, 서로 서로 부처의 권능 가진 줄을 알고 집집마다 부처가 살게 되며, 회상을 따라 어느 곳이라고 지정할 것이 없이 이리 가나 저리 가나 가는 곳마다 회상 아님이 없을 것이라...114)

선천세계와 후천세계의 차이를 인간의식의 성장을 통한 밝은 시대의 양(陽)시대라 규정하였듯이 선천은 인지의 미개한 시대이기 때문에 상극의 관계로서도 유지 될 수 있었던 시대였으나, 후천개벽 시대에는 인지의 발달에 따라 상극이 차츰 없어지고 상생의 방법이 아니고서는 무슨 일이든지 이룰 수 없다고 하였다. 또한, 소태산은 제자들에게 동남풍 불리는 법을 잘 배워서 천지의 상생상화(相生相和)하는 도를 널리 실행하기 위해 심화기화(心和氣和)하도록 가르침을115) 주었다. 또한 그 사람 모르게 미워하고 욕 한 번 한 일이라도 기운은 먼저 통하고 상극의 씨가 묻히고, 그 사람 모르게 좋게 여기고 칭찬 한 번 한 일이라도 기운은 먼저 통하고 상생의 씨가 묻히었다가 결국 그 연을 만나면 상생의 씨는 좋은 과(果)를 맺고 상극의 씨는 나쁜 과를 받게 된다는116) 가르침의 내용은 상극의 기운은 상극의 기운 그대로 상생의 기운은 상생의 기운 그대로 상응되는 이치가 있음을 밝힌 것이다.117)

114) 『대종경』, 전망품 18장, 391쪽.
115) 『대종경』, 교의품 4장, 113쪽.
116) 『대종경』, 인과품 5장, 220~221쪽 참조.
117) 박광수, 「원불교의 후천개벽 세계관」, 『원불교사상과 종교문화』44집,

소태산은 모든 존재는 은혜의 관계로서 유기적인 생존관계를 형성하고 있으나 그 현실에 있어서는 선악과 강약의 인간관계로서 변화된다고 하였다. "우주의 음양 상승하는 도를 따라 인간의 생로병사의 변화가 있고... 인간의 일도 또한 강과 약이 서로 관계하고 선과 악의 짓는 바에 따라 진급과 강급, 상생과 상극의 과보가 있게 되나니 이것이 곧 인과보응의 원리"118)라 하여 우주자연의 변화를 음양상승(陰陽上昇)의 원리로 설명하고 그에 따라 인간의 생로병사도 이러한 변화의 조건 속에서 이루어지지만 인간의 세계는 강약과 선악의 짓는 바에 따라 진급(進級) 강급(降級)과 상생 상극의 결과가 나타난 것이다. 그러므로 인류평화를 실현 할 수 있는 원리는 인간의 상호간의 상생과 조화의 관계라 할 수 있다.

3. 강자약자진화상요법의 평화적 구현

원불교는 2016년 5월 1일에 원불교 탄생 백주년 기념대회를 맞이하여 생명, 평화, 하나의 세상을 담은 세 가지의 『정신개벽 서울선언문』 119)을 주창하였다. 이는 생명이 존중받은 세상과 자유와 평등 그리고 평화의 세상을 만들어가겠다는 선포였고 약속이었다. 소태산은 인류사회는 서로 없어서는 살 수 없는 은혜의 관계라 밝히고

___
원불교 사상연구원, 2010, 96쪽.
118) 『대종경』, 인과품 2장, 219쪽.
119) 하나, 우리는 물질을 선용하고 환경을 존중하는 상생의 세계를 만들어간다. 하나, 우리는 마음공부와 적공으로 강약이 진화하는 평화의 세계를 만들어간다. 하나, 우리는 서로 감사하고 보은하는 하나의 세계를 만들어간다.

물질이 개벽되니, 정신을 개벽하자라는 개교표어에 바탕을 두었다. 『정신개벽 서울선언문』은 이러한 사상적 배경을 바탕으로 정신 개벽 실천운동을 전개하고자 하였다.

　소태산은 『정전』, 「최초법어」에서 「강자약자진화상요법」 120)을 제시하였다. 「강자약자진화상요법」은 강자와 약자에 대한 개념과 강자와 약자가 자리이타(自利利他)의 관계로서 바람직한 관계상 등의 2개 조목으로 되어있다. 투쟁과 대립으로 점철된 역사를 거울 삼아 개인과 개인, 사회와 사회. 국가와 국가 간에 서로 은혜를 발견하여 상생의 도로 나아감으로서 새 역사를 열어가자는 내용이다. 이는 당시의 사회가 신분과 물질의 자본으로 인한 권력을 독점하면서 계층 간의 심각한 갈등현상과 국제사회는 열강제국의 침략전쟁과 식민지 침탈로 인해 세계의 질서가 무너지고 강대국 중심의 세계사회의 시국을 보고 만들어졌다. 때문에 강자와 약자가 모두가 함께 진화하고 자리이타(自利利他)로 상생(相生)해 가는 길로 제시되었다.

---

120)1. 강·약의 대지(大旨)를 들어 말하면 무슨 일을 물론하고 이기는 것은 강이요, 지는 것은 약이라, 강자는 약자로 인하여 강의 목적을 달하고 약자는 강자로 인하여 강을 얻는 고로 서로 의지하고 서로 바탕하여 친 불친이 있나니라.
　　2. 강자는 약자에게 강을 베풀 때에 자리 이타법을 써서 약자를 강자로 진화시키는 것이 영원한 강자가 되는 길이요, 약자는 강자를 선도자로 삼고 어떠한 천신만고가 있다 하여도 약자의 자리에서 강자의 자리에 이르기까지 진보하여 가는 것이 다시없는 강자가 되는 길이니라. 강자가 강자 노릇을 할 때에 어찌하면 이 강이 영원한 강이 되고 어찌하면 이 강이 변하여 약이 되는 것인지 생각 없이 다만 자리(自利) 타해(他害)에만 그치고 보면 아무리 강자라도 약자가 되고 마는 것이요, 약자는 강자되기 전에 어찌하면 약자가 변하여 강자가 되고 어찌하면 강자가 변하여 약자가 되는 것인지 생각 없이 다만 강자를 대항하기로만 하고 약자가 강자로 진화되는 이치를 찾지 못한다면 또한 영원한 약자가 되고 말 것이니라.

강과 약은 일시적이고 유동적이어서 절대강과 절대약이 없기 때문에 강자에게는 약자를 자리이타(自利利他)법으로 강자에서 영원한 강자로 진급할 길을 제시하였다. 이는 자신과 타인의 구분 없이 강자 자신도 이롭게 하면서 약자에게도 이롭게 하는 것으로 공존과 공영을 위한 원리를 제시하였다. 약자가 강자로 진화하기 위해서는 "어떠한 천신만고가 있더라도 강자를 선도자로 삼고 어찌하면 강을 얻었는지 연구하고 실천하기에 힘써야 할 것"을 제시 하였다. 이는 인과보응(因果報應)의 원리에 바탕으로 무슨 일이든지 당하는데 있어서 강자를 선도자로 삼고 배우고 실천함을 강조하고 있다. 개인, 사회, 국가가 평화를 바라는 의도와 목적이 동일하지 않을 때가 많다. 강자의 입장에서는 현재 체제와 질서의 유지를 통해서 평화를 이루려 한다면, 약자의 입장은 강자들에 의해 만들어진 구조적 폭력의 해체에서 평화를 만들어가려 한다. 때문에 강자는 구조적으로 유지되는 폭력을 정당화하려 하고, 약자는 불평등의 해소를 위한 구조적 폭력에 저항 해 가는 과정을 겪는다.

그러면 누가 진정한 강자이며 약자인가? 우리는 어떻게 관련되어 있는가? 더욱 구체적인 접근 방법을 평화적 수단으로서 '회복적 정의' 활동에 실천적으로 결합시킬 수 있는 방향이 모색되어야 한다. '회복적 정의'를 통한 강자약자진화상요법의 실천적인 방법은 적극적인 사회변화를 창조하는 더 넓은 목표를 배경으로 하여 자리해야 한다. 또한, 강자와 약자는 의식적으로 자기 성찰적 태도를 유지해야 한다. 이러한 사고는 우리의 공동체, 공동체의 개별영역들 및 더 넓은 사회적 관계에 관해 어떻게 생각하는지의 문제에까지 확대될 수 있다. 공동체는 집단의 정체성을 반영하고 창조하지만 확실한 형태가 없는 관념이나 상징적 혹은 가상적 표현이다. 공동체는 가상적 상징으로서 타인들과의 일상적인 상호작용의 현상을 투영하고 있다. 이러한 공동체의 시각에서 본다면, '회복적 정의'는 개인들 간의 관계를 더 좋은 관계로 전환시키고 조화롭고 평화로운 공동체를 묘사하도록 하고 있다.

'회복적 정의'의 원리가 적용되었던 대표적인 사례는 남아프리카공화국의 "진실화해위원회"이다. 이는 남아프리카공화국에서 부족과 민족 집단 내에서 개인의 정체성과 '연결성'을 뜻하는 우분투(ubuntu)의 정신에 바탕하고 있다. 이는 존중, 개성 및 독특성의 개념을 포함하며, 공동체에 대한 개인의 역할, 지위 및 기여를 뜻한다. 또한 이러한 역할을 키우는 것이 중요하며 개인은 자신의 공동체에 대해 책임을 지며 상호의존적임을 강조하는 정신이다. 이처럼 '회복적 정의'는 개인으로서의 우리가 서로 연결되어 있고, 이러한 기본원리들은 가해자와 피해자의 관계에서 뿐만 아니라 일상생활에서의 정의를 지향해 가는 지침을 제공해 준다. 또한, '회복적 정의' 절차는 연민과 치유 및 자비와 용서를 실천함으로써 화해의 가능성을 열어둔다. '회복적 정의'는 관계의 중요성을 상기시켜 준다. 인간과 인간 간의 사이에서 타인들에게 미치는 영향과 타인들이 마땅히 받아야 할 존엄성을 존중해 준다. '회복적 정의'는 삶의 방식을 암시한다고 볼 수 있다.

V. 나오는 말

종교는 인간의 이상향에 대한 동경과 현실의 한계를 극복하고자 하는 욕망과 함께 유지 되었다. 인간은 복락을 염원하면서도 주변의 환경이 개선되기를 바랬고, 실질적 삶의 문제에 있어서 종교의 존재나 사상에 의존하여 더 나은 삶을 고대해 왔다. 역사적인 상황이 어려우면 어려울수록 이러한 인간의 기대는 더욱 절박하게 드러났다. 한국의 민족종교가 형성된 시기에는 일본의 제국주의 침략까지 더해지고 외래 문명과 사상들이 들어오고 정치, 사회적으로 변화가 급격했던 시기였다. 개벽사상은 이 시기에 형성된 토착화된 한국 종교의 대표적인 사상이다. 수운(水雲), 일부(一夫), 홍암(弘巖), 증산(甑山), 소태산(少太山)등의 한국의 민족종교 운동을 전개한 선지자들은 새 세상, 새 시대의 도래를 알리는 '후천개벽'을 말하였고 급변하고 시대 상황 속에서 도탄에 신음하고 있는 민중들은 새로운 개벽의 시대가 열릴 것을 믿어왔다.

하지만 수운(水雲)은 모든 사람이 수심정기(修心正氣)하고 성(誠)·경(敬)·신(信)의 실천을 행함으로써 그 사회적 구현을 앞당기게 된다고 하였고, 일부(一夫)는 후천시대 신명개벽의 원리는 선천시대의 패륜(悖倫)이 가고 정륜(正倫)의 시대가 열리므로 모든 인간의 당위적인 노력이 필요하다고 하였고, 홍암(弘巖)은 그의 사상적 근거로 삼고 있는 『삼일신고』의 철학을 통해 한배검님께서의 모든 가르침은 한민족을 통하여 거듭나며 이 가르침은 곧 삼일(三一)철학이니 이를 본 떠 행하면 전 인류가 새로워진다고 주장하였다. 또한, 증산(甑山)은 인류평화를 달성하고, 인존시대(人尊時

代)로써 인간존엄의 극치에 이르는 지상낙원을 예시하고 있으며 이를 위해서 모든 인간은 '모사재천(某事在天) 성사재인(成事在人)'의 자각을 토대로 하여 일심(一心)의 수도를 해 나갈 것을 요구하고 있다. 소태산은 진리적 종교의 신앙과 사실적 도덕의 훈련으로써 광대무량한 낙원 세계 건설을 개교의 동기를 통해 주장하였다. 이처럼 한국의 민족종교 운동을 전개한 선지자들은 열린 시대의 의미로의 '후천개벽'은 어느 한정된 시간 안에서 일시적으로 완성되어지는 것이 아니라 오랜 시간을 두고 민중들의 주체적인 노력의 결과가 성숙되어 질 때에 비로소 이루어진다는 공통적인 특징을 보이고 있다.

소태산의 개벽사상은, 첫째, 후천 개벽 시대에는 '어두운 음(陰) 시대가 가고 밝은 양(陽) 시대'가 올 것을 말하였고 이는 우주의 진급과 강급 그리고 낮과 밤이라 표현 하면서 어두운 시대는 가고 진급의 시대, 그리고 크게 문명된 세상이 되어 광대무량한 낙원 세상이 올 것임을 예견 하였다. 둘째, 새로운 시대에는 안으로는 정신문명을 촉진하여 도학을 발전 시켜 나가야 하고 밖으로는 물질문명을 촉진하여 과학을 발전 시켜 나가야 결함 없는 세상이 되며 물질문명과 정신문명이 공존하고 도학과 과학이 함께 발전 해 나가면서 영과 육이 병진 해 가야 한다는 사상적인 특징을 보이고 있다. 셋째, 모든 존재자는 서로 없어서는 살 수없는 유기적인 관계 속에서 생존되어 지고 있음을 은(恩) 사상을 통하여 말하면서 생존과 삶 그 자체를 상생적인 은혜의 관계 즉 생(生)의 관계로 인식하여 상호 대립적이고 상극의 관계로써는 삶을 살아가는 그 자체가 성립될 수 없으므로 인류의 사회는 서로 상생 조화의 관계 속에서 이루어진 것이라 보고 있다.

이러한 개벽사상에 바탕으로 미래 문명의 이상적인 방향성을 정신문명과 물질과학문명의 균형 있고 조화로운 발전이라는 대명제 아래 창출되어야 하며, 앞으로 우리가 해야 할 일도 현대문명의 바른 모델을 정신과 과학문명이 조화롭게 병행된 문명이라는 것을 세상에 알리고 실제 민중의 생활 속에서 구현시켜 나가야한다. 그러기 위해서는 빠르게 변화되어 가고 있는 현대문명에 있어서 진리적 종교의 신앙과 사실적 도덕의 훈련으로서의 정신개벽은 새롭게 점검되어야 하고 종교혁신 운동의 중심적 사상으로 발전시켜 나가야 한다. 또한, 소태산은 은(恩)사상을 바탕으로 하여 천지은에 보은하기 위해서 천지 팔도를 실현하고, 부모은에 보호하기 위하여 자신뿐만 아니라 사회적으로 무자력자를 보호하고, 동포은을 실천하기 위하여 자리이타의 도(道)를 실천 해 나가고, 법률은에 보은하기 위하여 인도 정의의 공정한 법칙을 실천 하도록 하였다. 이는 개인과 개인은 물론이고 가정, 사회, 국가, 세계적으로 서로의 상생의 관계, 은혜의 관계 속에서 광대무량한 낙원 세계를 구현하도록 하였다.

개벽사상을 주장하였던 한국의 선지자들은 당시의 암울 했던 시대상황 속에서 사회를 바라보면서 민족과 인류가 나아가야 할 길을 찾았을 것이다. 그들은 사회의 모순과 폐습된 현상들의 근원을 조명함으로서 새로운 밝은 세상을 열어가고자 하였다. 원불교는 이러한 개벽사상이 해석적 차원에만 머물 것이 아니라 진리적 종교의 신앙과 사실적 도덕의 훈련에 의한 정신개벽 운동과 은(恩)사상에 바탕으로 서로 상생하는 인류사회를 구현 해 나가는 데 앞장서야 할 것이다. 또한, 자타의 구분이 없이 조화로운 공동체의 모습을 만들어가기 위해 평화적 수단으로서 '회복적 정의'를 통해 적극적인 사회변화를 창조하는 더 넓은 차원의 개벽사상 운동을 전개해 가야 한다.

〈참고 문헌〉

『원불교 교전』, 원불교 정화사 편, 『원불교 전서』, 익산: 원불교출판사, 1989.
『정산종사 법어』, 원불교 정화사 편, 『원불교 전서』, 익산: 원불교출판사, 1989.
류병덕, 『한국민중종교사상론』, 시인사, 1985
_____, 『한국사상과 원불교』, 교문사, 1989
황선명 외, 『한국근대민중종교사상』, 학민사, 1983
이정호, 『정역연구』, 국제대학교 인문사회과학연구소, 1976
김석진, 『미래를 여는 주역』, 대유학당, 1995
이돈화, 『新人哲學』, 천도교중앙총부, 1982.
김홍철·류병덕·양은용 공저, 『한국신종교실태보고조사서』, 원광대종교
    문제연구소, 1997.

〈참고 논문〉

박광수, 「원불교의 후천개벽(後天開闢) 세계관」, 『원불교사상과 종교문화』,
    원불교 사상연구원, 2010.
_____, 「원불교의 구원관: 개벽시대와 낙원세계」, 『신학과사상』 21집, 서울:
    카톨릭대학교출판부, 1997.
대서수상 (Onishi Hidenao), 「원불교(圓佛敎)의 민중종교사상(民衆宗敎思想)
    연구(硏究)」,
    『한국사상사학』, 한국사상사학회, 2008
김용환, 「후천개벽의 미륵신앙에 관한 연구」, 『신종교연구』, 한국신종교
    학회, 2002.
_____, 「후천개벽사상의 지구윤리적 범례에 관한 연구」, 『윤리연구』, 한국윤리
    학회, 2002.
오문환, 「동학의 후천개벽 사상」, 『동학학보』, 동학학회, 2000.
_____, 「수운의 다시개벽과 새로움의 미래」, 『민족종교의 개벽사상과
    한국의 미래』, 민족종교협의회, 2004.
김홍철, 「원불교의 (圓佛敎) 후천개벽사상 (後天開闢思想) − 수운 (水雲)

증산과의 (甑山) 비교를 중심으로 ─」, 『원불교사상』, 원불교사상연구원, 1980.

_____, 「소태산의 개벽사상과 한국의 미래」, 한국민족종교협의회 편, 『민족종교의 개벽사상과 한국의 미래』, 윤일문화, 2004.

류성태, 「소태산의 생명관」, 『정신개벽』 13집, 원불교 사상연구원, 1994.

이찬구, 「역학의 선후천과 최수운의 "다시개벽" ─ 『주역』 과 『정역』 의 비교를 중심으로 ─」, 『신종교연구』, 한국신종교학회, 2010.

임찬순, 「구원을 위한 종말론적 카이로스인 한국 신종교에서의 개벽」, 『신종교연구』, 한국신종교학회, 2008.

이경원, 「한국 신종교의 시대적 전개와 사상적 특질」, 『한국사상사학』, 2005.

김정관, 「원불교 개벽사상의 연구」, 『정신개벽논집』 Vol.5, 신종교학회, 1987.

신일교, 「후천개벽사상의 연구」, 『석·박사 학위논문집 제1권』, 학위논문간행위원회, 1988.

유남상, 「정역사상의 연구」, 『한국종교』 1집, 종교문제연구소, 1971

송천은, 「원불교사상에 나타난 인본사상」, 『원불교사상』 2집, 1977.

불교로 보는 개신교 재(再) 이해

김 종 만

불교로 보는 개신교 재(再) 이해[121]

김종만

Ⅰ. 시작하는 말

셈족 종교인 그리스도교는 다른 종교에 대한 이해가 협소하다. 그리스도교는 하늘 아래 예수 이외의 다른 이름으로는 구원받지 못한다는 믿음체계로 이웃 종교인들을 설득과 강압으로 개종시키려 한다(존 갑, 1988: 6). 이런 현상은 특히 그리스도교 가운데서도 개신교에서 두드러지게 나타난다. 그 이유는 개신교가 지닌 이원론적인 신학 구조 때문이다. 개신교의 신학 구조는 실체론과 이원론에 바탕 한다. 피안의 세계에 유일신을 상정하고 궁극자의 계시에 의해서만 신을 만나는 구조이다. 구원과 진리는 개신교를 통해서, 구체적으로 말하면 교회와 예수 그리스도를 통해서만 얻어진다. 그로 인해 개신교는 다른 종교인들, 특히 로마가톨릭 교인까지도 개종의 대상으로 간주한다. 이들은 도를 넘은 개종주의와 강압주의, 배타

---

121) 이 글은 사회사상과문화 21권 3호(2018년 9월) "틱낫한의 'Interbeing' 관점으로 보는 개신교 재해석 −성육신, 원수사랑, 예배"의 제목으로 등재된 논문을 수정 보완하였다.

주의, 그리고 공격적인 선교 태도로 다가간다. 이들에게 선교는 교회의 유지와 확장을 위한 수단적 장치에 불과하다.

실체론과 이원론에 기초한 개신교의 정통 신관은 유일신의 '계시'를 절대화하고 다른 종교 전통을 쉽게 폄훼한다. 그럼으로써 이웃 종교에 대한 올바른 선 이해 없이 오로지 개신교의 교리와 신학으로 다른 종교를 재단하고 일반화한다.122) 이러한 종교성향은 유럽의 제국주의 정치 세력과 결탁하였고, 아시아, 아프리카를 개신교화 하여 그 지역의 종교와 문화가 지닌 전통과 의식을 침해하였다. 그리고 개신교의 제국주의적이고 공격적인 배타주의는 세계의 평화를 깨트리는 결과를 초래했다.

한스 큉에 따르면, 세계 평화의 전제 조건은 종교 간의 평화이다. 종교 간 평화의 지름길은 개신교가 독단적인 배타성을 내려놓고 이웃 종교를 포용하고 인정하는 것에서 시작된다. 즉 개신교의 편향적 시각에서 벗어나 다른 종교와 더불어 개신교의 교리와 신학을 다시 들여다보는 것이다.

---

122) 구체적으로 설명하면, 서구의 기독교는 크게 세 가지 흐름 속에 전개된다. 첫째는 플라톤의 이데아론에 영향을 받은 개신교 신학, 둘째는 아리스토텔레스의 자연(physis)의 개념을 내면화한 로마 가톨릭 신학, 셋째는 신플라톤 사상에 기반을 둔 신비주의 신학이다. 첫째, 개신교 신학은 신앙유비(analogia fidei)에 바탕 하여 신과 세계를 이원적으로 구분하고 인간의 전적 타락과 신의 절대 은총을 강조한다. 둘째, 로마가톨릭 신학은 존재유비(analogia entis)에 바탕 하여 위로부터의 은총과 함께 아래로부터 신에 이르는 가능성을 인정한다. 마지막으로 신비신학은 신과 우주(세계)의 연속성, 즉 존재하는 모든 것을 신의 현현(顯現)으로 보고 몸과 정신의 일치를 강조한다(변선환 아키브·동서종교신학연구편, 2007: 74-76참고). 개신교의 신앙유비와 로마가톨릭의 존재유비에 따른 신의 이해는 신과 세계의 이원성이 극복되지 못하는 면이 있다. 그러나 이 글은 신과 세계를 나누지 않는 비이원성에서 논지를 증명한다는 점에서 신비주의 신학의 흐름과 맥을 같이 한다.

이 글은 기존 서양의 신학적 요소들을 대승불교적 관점으로 새롭게 고찰하는 것을 목적으로 한다. 구체적으로는 유럽 개신교의 전통 신학적 요소인 성육신, 원수 사랑의 개념을 베트남의 선승인 틱낫한의 상호존재의 관점으로 재조명한다. 이것은 지금까지 개신교가 추구해온 이원론적인 방식이 아니라 틱낫한의 상호존재를 통한 비이원론적인 시각으로 성육신, 원수 사랑의 의미를 재해석하는 것이다.

이 글은 1장에서 틱낫한이 제시한 상호존재가 무엇인지 그 정의를 논한다. 2장에서는 상호존재의 시각인 비이원론의 방식으로 그리스도교의 신학적 의미를 재해석한다. 우선 1절에서는 비이원론의 방식으로 이해되는 성육신의 의미를 고찰하고, 2절에서는 원수 사랑에 대한 새로운 신학적 의미를 고찰한다.

따라서 이 글은 개신교의 이원론이라는 자기 프레임에 갇힌 편협한 시각에서 틱낫한의 상호존재의 프레임을 통한 새로운 해석의 관점을 추구한다. 그러면 특수성에서 보편성으로 나아갈 수 있는 발판이 마련되고 종교 간의 상호이해에 한 발 더 가까이 나아 갈 수 있다. 하지만 특수성에서 보편성으로 나아간다고 해서 특수성이 해체된 보편성이 될 수는 없다. 보편성은 각 종교가 지니는 특수성을 전제한다. 개신교는 자기 입장을 고수하면서 타자를 배타하는 폐쇄적 자기 고백이 아니라 자기의 정체성을 유지하면서 타자를 수용하는 개방적 자기 고백이어야 한다. 즉, 자기 고백은 지키되 다른 종교의 관점을 수용하면서 개신교의 인식의 지평을 넓히는 것이다.

Ⅱ. 틱낫한의 '상호존재'(Interbeing)론 개관

베트남 승려 틱낫한은 달라이 라마와 더불어 세계 2대 성불로 존경받는 인물이다. 그는 불교의 전통적 개념인 연기(緣起)와 공(空)을 현대적 용어인 '상호존재'(interbeing)로 이해한다.[123] 상호존재는 고전적 불교 개념인 연기론을 현대인들의 언어 이해에 맞게 순화한 대중적 용어이다. 불교에서 연기(緣起)는 산스크리트어로 'pratitya-samutpada', 팔리어로는 'paticca-samuppda'로 '의존하여(pratitya) 함께(sam) 일어난다(utpada)'는 뜻이다. 이 말은 모든 것은 서로 의존하여 함께 일어나고 소멸하며 나타난다는 의미로 일체의 사물은 "이것이 있으므로 저것이 있고, 이것이 일어나므로 저것이 일어나며, 이것이 없으므로 저것이 없고, 이것이 소멸하므로 저것이 소멸"한다는 뜻이다(곽철환, 2003: 488-489). 틱낫한은 전통적 방식의 연기론에 대한 정의는 일반 대중들이 소화하기 어렵다고 판단하고 모두가 쉽게 이해 할 수 있는 독창적인 비유로 설명한다.

만일 여러분들이 시인이라면 한 장의 종이 안에 구름이 떠다니는 것을 볼 수 있습니다. 구름이 없다면, 비가 있을 수 없습니다. 비가 없다면 나무가 자랄 수 없습니다. 나무가 없다면 종이를 만들 수 없습니다. 종이가 존재하기 위해서는 구름이 필수적입니다. 만일 구름이 여기 없다면 종이 역시 존재할 수 없습니다.

---

123) 이 글의 주제어 가운데 하나인 '상호존재'와 상통하는 연구 주제는 서구의 유교학자인 에임스(Roger T. Ames)의 '인간으로 되어 감(human becoming)'이 있다. 자세한 이해를 위해서는 다음의 논문을 참조하라.(류제동, 2016).

> 그래서 구름과 종이는 상호존재(inter-are)한다고 말할 수 있
> 습니다. 상호존재(Interbeing)는 아직 사전에 없는 단어이지만,
> 만일 접두사 'inter'와 동사 'to be'를 결합하면 새로운 동사
> 'inter-be'가 탄생합니다(Thick Nhat Hanh, 1988: 3).

종이 한 장에는 무수히 많은 것들이 함께 공존한다. 종이 한 장이
이 세상에 존재하기 위해서는 만물의 전부가 함께 존재해야 한다.
그러나 틱낫한은 『반야심경』의 관세음보살(Avalokieshvara)을
통해 얇은 종이 한 장 안에 일체의 사물이 모두 들어있다는 것은 만
물이 비어있다는 사실을 상기시킨다. 인간을 구성하는 다섯 가지
요소인 오온(五蘊)-우리의 몸(色), 감각(受), 지각(想), 정신작용
(行), 의식(識)-이 우리 모두 가운데 흐르는 강물처럼 실체가 없이
비어있듯이, 독립된 자아란 존재하지 않고 비어있다.

> 만일 우리가 모든 요소들 가운데 하나를 근원으로 돌려보내 봅
> 시다. 햇볕을 태양에게로 돌려보낸다면 종이 한 장이 존재할 수
> 있습니까? 아닙니다. 햇볕이 없이는 어떤 것도 존재할 수 없습
> 니다. 벌목꾼을 그의 어머니에게로 돌려보낸다면, 우리는 역시
> 종이를 가질 수 없습니다. 종이 한 장은 종이 아닌 다른 요소들
> 로 이루어져 있습니다. 만일 우리가 종이 아닌 요소를 그들의
> 근원으로 돌려보내면, 종이 한 장은 결코 여기에 있을 수 없습
> 니다(Thick Nhat Hanh, 1988: 4-5).

만물이 모든 것으로 가득 차 있다는 것은 비어있다는 것이다. 그
러므로 틱낫한이 제시한 상호존재에 따르면, 일체의 사물은 다른
모든 것들과 함께 존재하는 것이지, 독립하여 홀로 존재할 수 없다.
이를 가리켜 틱낫한은 "존재하는 것은 상호 존재하는 것"이라고 역

설한다. 이 세상의 일체는 다른 사물과의 공존 없이 독자적인 실체를 갖고 존재할 수 없다(Thick Nhat Hanh, 1988: 4).

틱낫한이 제시한 전통 연기론의 현대적 표현인 상호존재를 다른 말로 고치면 공(空)이다. 그에 따르면, 나가르주나가 읊은 연기와 공에 관한 시(詩)에서 모든 현상은 인(因)과 연(緣)에 의해 생겨나는데 이것이 공(空)이다. 또한 공(空)은 말로는 미치는 못하는 가명(假名)으로써 인연으로 생겨난 모든 것은 공이고 어떤 것이든 연기적으로 성립하지 않은 것은 존재하지 않기 때문에 공하지 않은 어떤 것도 존재하지 않는다(틱낫한, 2013: 71-72, 151-152).

틱낫한은 공의 산스크리트어 어원 '순야타'(sunyata)는 형용사 수냐(sunya)에서 파생된 것으로 영(零), 무(無)를 뜻하는 것으로 본다. 그러나 공은 부정사의 의미로 사용된 존재 자체를 부정하는 무(無)로서의 의미가 아니라 존재하는 것은 항구적으로 변하지 않는 자성, 실체, 자아가 없다는 의미로 파악한다. 따라서 모든 존재는 인과 연으로 생겨나 고정된 실체가 없기 때문에 공인 것이다(틱낫한, 2013: 136). 요컨대, 공은 존재론적인 없음의 무(無)가 아니라 독립되고 분리된 자존적 개체가 없다는 말이다.

이와 달리 서양의 정통 신학은 변하지 않고 고정된 실체로서 절대 공간을 차지하는 단순 정위(simple location)를 전제한다. 단순 정위는 이데아, 실체, 물자체, 뉴턴의 입자, 그리고 그리스도교 신학의 하느님이 여기에 해당한다(A. N. Whitehead, 1925; 김상일, 1993: 11에서 재인용). 서양 신학은 별개적 존재로서의 단순 정위에 기초한 실체론에 기대어 고정 불변하는 존재(being)의 하느님을 추구함으로써 신과 세계를 나누는 이원론으로 귀착했다.

상호존재는 실체 혹은 본질을 전제 한 존재(being)가 아닌 일체

사물의 상호의존성, 관계성이 함의된 개념이다. 그러므로 초월과 내재, 신과 세계, 영혼과 육체가 이중적으로 구분되는 이원론이 아니라 일체의 구별과 차별이 존재하지 않는 비이원론이다. 따라서 상호존재인 비이원론의 관점을 통해 이원론적 사고 양식에서 이해되는 개신교의 주요 신학적 요소인 성육신, 원수 사랑을 새로운 방식으로 조명 할 수 있다.

Ⅲ. 상호존재의 관점으로 본 개신교 재해석

1. 성육신

틱낫한은 『내 손안에 부처의 손이 있네-틱낫한 스님의 법화경』 를 전반부와 후반부로 나눈다.124) 전반부는 실존 인물인 석가모니의 태어남, 성장 과정, 출가수행을 통해 부처가 되는 일련의 과정을 묘사한다. 이로써 석가모니의 역사적 차원을 다룬다. 후반부는 궁극적 차원에서 시공간을 초월하여 온 곳에 편만한 법신125)으로서의

---

124) 법화경은 총 28품으로 구성된다. 28품은 다시 전반부 14품과 후반부 14품으로 나눌 수 있다.

125) 화신(化身, nirmanakaya, earthly body)은 응신(應身)이라고도 하는데, 니르마나(nirmana)는 '변신'을, 카야(kaya)는 '신체'를 뜻한다. 초기불교를 지나 대승불교에서는 붓다가 중생을 구제하기 위해 여러 가지 형상으로 변해서 나타나는 화신을 생각하게 되었다. 보신(報身, sambhogakaya, heavenly body)은 수용신(受用身)이라고도 하며, 오랫동안 선생을 쌓고 수행하여 무량한 공덕을 갖춘

부처를 기술한다. 틱낫한은 법화경이 전하는 진리를 만나기 위해서
역사적 차원과 궁극적 차원을 동시에 알아야 한다고 말한다: 우리는
기원전 5세기 인도에서 태어나 진리를 향한 구도적 열정과 수행,
깨달음을 이루어 나가는 역사적 실존 인물로서의 석가뿐만 아니라
일반적인 인식을 넘어서고 시공간을 초월하여 영원한 진리를 전하
는 법의 본질을 깨달아야 한다(틱낫한, 2008: 15).

틱낫한은 석가모니가 보리수 아래에서 깨달음을 얻어 부처가 되
었듯이 모든 사람은 역사적 차원의 일상에서 궁극적 차원의 진리와
자유를 찾을 수 있다고 본다. 그는 궁극적 가치를 찾기 위해 다른
곳을 헤맬 필요 없이 "나무와 풀, 언덕, 산, 그리고 사람"이라는 역
사적 차원의 삶과 죽음의 세계 가운데 생(生)과 사(死)를 초월한
궁극적 차원으로 들어갈 수 있다고 말한다: "삶에는 두 가지 차원이
있다. 우리는 두 차원 모두에 닿을 수 있어야 한다. 하나는 물결과
같은데, 우리는 그것을 '역사의 차원'이라고 부른다. 다른 하나는 물
과 같다. 그것을 '궁극의 차원' 또는 '니르바나'라고 부른다"(틱낫한,
2008: 15; 틱낫한, 2017: 12).

틱낫한은 역사적 차원과 궁극적 차원을 넘어 실천적 차원을 제안
한다. 인간이 역사적 차원에만 머문다면 고귀한 진리와 자유의 세
계 없이 욕계와 색계126)에 구속되어 살아갈 수밖에 없다. 반면 궁

몸을 뜻한다. 그처럼 공덕을 갖추면 불신처럼 몸에 32상 80종 호
가 나타난다. 붓다의 몸인 법신은 보신을 통해서만 세상에 나타날
수 있다. 법신(法身, dharmakaya, truth body)은 '진신'(眞身)이
라고도 하며, 무상은 생사윤회의 지배를 받는 육체나 형상화된 존
재가 아니라 우주에 편만 하는 진리 자체를 말한다.(켄 윌버,
2009: 62).
126) 삼계는 중생이 윤회하는 세 가지의 영역의 세계, 즉 욕계(欲界),
색계(色界), 무색계(無色界)를 말한다. 욕계는 우리가 사는 일반

극적 차원에 있으면서 그 궁극적 삶의 깨달음이 다시 우리의 일상에서 실천으로 구체화 되지 않으면 궁극의 깨달음이 추상적이고 형이상학적인 차원에 머물고 만다. 그래서 틱낫한은 역사적 차원에서 궁극의 차원으로 들어가고 다시 그 궁극성이 역사적 차원으로 환원되어 우리의 삶에 구체적으로 나타나야 한다고 말한다. 그것이 통찰과 수행을 통해 사회로 구현되는 사회 참여불교(Engaged Buddhism)이다. 그러면 우리는 역사적 차원, 즉 우리의 일상 속에서 일상 너머에 있는 궁극적 차원에 들어가 열반의 기쁨을 맛볼 수 있다.

틱낫한의 이런 관념은 징관(澄觀)이 『법계현경(法界玄鏡)』에서 제시한 사종법계(四種法界)를 연상케 한다. 징관에 따르면, 우리가 감각할 수 있는 현상세계는 사법계(事法界)이다. 여기서 약간의 영적 수양을 한 사람은 사법계인 현상세계가 실체성이 없다는 것을 깨닫고 또 다른 세계를 들여다볼 수 있다. 이것이 이법계(理法界)이다. 그러나 사법계와 이법계는 다른 세계가 아니라 사법계를 관통하는 원리가 이법계이고, 이법계의 구체적인 표현이 사법계이다. 이로써 이 두 세계가 아무런 장애 없이 서로 들어감을 깨닫게 되는 이사무애(理事無礙)가 체득된다.

징관의 이법계와 사법계, 이사무애는 틱낫한에게 역사적 차원과 궁극적 차원에 해당한다. 그러나 징관과 틱낫한은 이를 넘어선다.

세계로, 이곳의 중생들은 탐욕과 분노, 어리석음이라는 세 가지 독에 물들어 있다. 색계는 욕계보다는 정화되어 애욕은 사라졌지만 여전히 물질에 대한 집착은 남아 있는 세계이다. 마지막으로 무색계는 물질에 대한 집착마저 사라진 정신적인 세계이다. 이들 중 색계와 무색계는 집착과 번뇌로부터 조금은 자유로운 영역이지만, 어차피 삼계 모두 윤회의 세계라는 사실에는 변함이 없다 (틱낫한, 2008: 64).

징관은 이법계와 사법계가 서로 들어가는 것(상즉, 상입)이면, 이
(理)가 바로 사(事)이고 사(事)가 바로 이(理)이기 때문에 구체적
현상의 사물까지도 아무런 장애 없이 상즉 상입 하는 세계, 즉 사사
무애(事事無礙)가 이루어진다고 본다(오강남, 2007: 206-207).

사사무애는 틱낫한이 주창한 참여 불교와 구조적으로 유사하다.
틱낫한은 현상계인 사(事)의 세계에서 궁극적 차원인 이(理)의 세
계가 이루어져야 한다며 역사적 차원과 궁극적 차원을 넘어 다시
실천적 차원으로 들어가야 한다고 역설한다. 틱낫한에게 참여불교는
사(事)와 이(理), 역사적 차원과 궁극적 차원이 실천적 차원에서
실재화되고, 사와 사와 혹은 역사적 차원과 역사적 차원이 구체적
인 현실 가운데 역동적으로 작동되는 실천성이다.

이는 유동식이 이해하는 세계관 개념과 유사하다. 그는 세계를
제1우주, 제2우주, 제3우주로 구분한다. 그에 따르면, 시간과 공간
으로 이루어진 현상세계는 시공우주인 제1우주, 현상세계의 시-공
간을 초월한 저 너머의 세계는 영성우주인 제2우주, 그리고 예수의
성육신 사건으로 이 땅에 도래한 시공우주와 영성우주가 만나는 세
계는 제3우주이다(서공석, 2012: 198). 유동식에게 예수의 성육신
사건의 진정한 의미는 현상세계인 제1우주와 이 세계를 넘어 서 있는
제2우주를 포월하여 하느님의 뜻이 구체적으로 이 땅에 구현되는
사건이다.

해방신학자 소브리노(Jon Sobrino)도 성육신을 이런 관점으로
해석한다. 그는 지금 여기의 세계와 저기 너머의 세계를 이원화하지
않고 하나의 세계로 파악한다. 그에게 예수의 성육신은 이 세상의
가난한 자들을 위한 하느님의 우선적인 선택으로 이루어진 사건이
다. 그는 영성을 초세간적이고 형이상학적인 개념으로 간주하지 않

고 세간적인 오늘날의 구체적인 상황, 즉 라틴 아메리카의 가난한
자들이 해방되는 사건으로 이해한다. 그래서 소브리노는 예수가 가
난한 자들에게 둘러싸여 가난한 자들을 돕고 섬긴 것처럼 라틴 아
메리카의 가난한 자들이 가난에서 해방되어야 한다고 주장한다
(Ignacio Ellacutia·Jon Sobrino, 1993: 677-689).

종교 해방신학자 니터(Paul Knitter) 또한 성육신을 이런 맥락으
로 이해한다. 그는 신적인 것과 역사적인 것을 둘로 나누어서 보지
않는다. 그에 따르면, 신적인 것은 역사적인 것으로 환원되지 않고,
신적인 것을 찾거나 신적인 것의 일부가 되려면 역사와 이어져야
한다. 그 점에서 예수의 육화는 억눌리고 짓뭉개진 이들에 대한 사
랑을 역사적 실천으로 보여 주는 것이다(폴 니터, 2008, 148,
151-152). 그러므로 초월적 요소는 직접 다가갈 수 있는 것이 아
니라 역사적 매개를 통해 도달할 수 있다.

이에 대해 니터는 다음과 같이 소브리노의 말을 인용한다: "… 역
사적인 실제 삶 없이 영적인 삶을 살 수 없다. 영이 육이 되지 않으
면 영적으로 사는 것은 불가능하다"(Sobrino, 1988: 4; 폴 니터,
2008: 149에서 재인용). 결국 소브리노와 니터의 성육신 이해는
틱낫한의 역사적 차원과 궁극적 차원을 넘어선 실천적 차원, 징관
의 이사무애, 그리고 유동식의 제3우주론과 맥을 같이한다.

상술한 틱낫한, 징관, 소브리노, 유동식이 제안한 개념들은 언어적
표상만 틀릴 뿐 공통된 사상은 요한복음의 "말씀이 육신이 되어"
(요1:14)의 성육신 사건과 상통한다. '말씀'은 헬라어 '로고스'(λoγ
oς)를 의미하는 것으로 헬레니즘 문화권에서 통용되는 말이었다.
원래 고대 유대인들은 말씀을 히브리어 '다바르'(רבד)로 이해했다.
구약성서에서 하느님은 '다바르'(רבד)를 통해서 자신을 계시했다.

하느님의 다바르(רבד)를 맡은 예언자들은 온전한 정신 상태를 유지한 채 그 뜻을 전달했다.127) 그러므로 하느님은 사람들이 이해할 수 있는 방식으로 인간과 소통한다.

그러나 하느님의 말씀인 '다바르'는 단순히 좋은 일이 일어나기를 바라는 축복의 말이나 듣기 싫은 몇 마디 저주의 말이 아니었다. 그것은 좋은 일이 실제로 일어나거나 구체적인 재앙이나 위험이 내포된, 그 자체로 힘 있는 말이었다. 다바르는 하느님의 힘으로서의 말이 인간 안에 전해질 수 있고, 나아가 힘으로서의 말이 그 말의 힘에 근거해 사물로 생겨날 수 있었다: "하느님이 그저 '말'을 함으로써 세상이 생겨나게 되었다. 빛이 있으라(창1:3), 야훼의 말씀으로 하늘이 지음을 받았다(시33:6)"(유동식, 1978: 21; 이찬수, 2014, 152-153).

다바르는 유대적 분위기와는 다른 헬레니즘 문화권의 사람들에게 생소한 것이었다. 그래서 헬레니스트는 '다바르'를 자신들의 언어 문법인 '로고스' 대치했다. 요한복음에 태초에 말씀(logos)이 있었고, 그 말씀이 하느님과 함께 계셨고, 하느님과 같은 분으로 묘사된 구절이 이를 반증한다. 헬레니즘 철학은 신의 초월성을 강조했고 여기에 영향을 받은 사람들이 초월적인 신과 인간을 연결 짓는 중간 존재로 지혜 혹은 말(로고스)을 연상했다.

그런데 말(로고스)은 서서히 초월적인 하느님과 피조물 사이의

---

127) 그런 점에서 다바르에 의한 계시와 접신(接神)에 의한 계시는 구분된다. 전자에서 예언자는 하느님의 말씀을 맡아도 인간의 정신적 상태가 정상적으로 유지되었던 반면, 후자에서는 "전혀 다른 사람으로 변하는 일"(삼상10:6)에서 드러나듯이 정상적인 정신 상태가 유지되지 않는다. 그래서 고대 이스라엘에서는 다바르에 의한 예언을 중요시했다.

중재자로 바뀌었다. 유대 철학자 필로는 인간은 초월자 하느님과 직접 접촉할 수 없고 말(로고스)를 통해서 접촉할 수 있다고 보았다. 이 로고스를 헬레니즘 유대인들은 아들, 형상, 그림자, 신, 하느님의 사자 등으로 기술했다. 여기서 말(로고스)이 그리스도 차원으로 승화된 예수를 지칭하게 되었다(이찬수, 2004: 153-154). 요한은 예수의 인격을 유대적 언어 표현이 아닌 그리스적인 로고스 언어 개념으로 대치하고 예수를 로고스라고 했다. 따라서 헬레니스트들은 "자기의 말과 사고 양식에 의하여 유대인들이 이해했던 예수를 이해할 수 있었다"(유동식, 1978: 21).

그러나 로고스가 육신이 된다는 말의 의미는 하느님의 뜻이 예수에게 임하여 그가 고귀한 영적 사람으로 변모하여 속인(俗人)들이 가까이 할 수 없는 영화된 인간이 되었다는 뜻이 아니다. 예수는 자신이 하느님의 신적 속성을 분담한 신령한 존재로서의 신인(神人, God-man)임을 철저히 부인했다: 어느 날 한 사람이 예수에게 다가와서 말하기를 '선하신 선생님, 내가 영원한 생명을 얻으려면 무엇을 해야 합니까?'라고 묻자, 예수는 '어찌하여 너는 나를 선하다고 하느냐? 하느님 한 분 밖에는 선한 분이 없다(막10;17-18, 마19:16-30, 눅18:18-30)(김경재, 2002: 94).

성육신은 신이 인간의 몸을 입고 잠시 인간 세상에 환생한 고대 신화적 세계관, 즉 사람 모습으로 변신하여 땅 위를 걷는 신 이해가 아니다. 예수는 하느님의 독생자 로고스의 화육체이기 때문에 땅 위에서 보통의 사람들과 달리 인간으로서의 어떠한 유혹, 고뇌, 번민, 그리고 아픔 등을 겪지 않았을 것이라는 '신화적 그리스도론'의 예수가 아니다.

오히려 예수는 가난한 갈릴리 농어촌에서 어린 유년 시절을 보냈고

청년기 이후는 가족을 부양하기 위해 피나는 노동을 했으며 혼란한
세상 가운데 하느님의 뜻이 무엇인지 깊이 사색하고 기도한 사람이
었다(김경재, 2002: 95, 98). 즉 예수는 인간의 몸을 입고 환생한
신이 아니라 "인간의 말씀과 행태, 곧 그의 전 존재가 하느님의 뜻
과 혼연일체가 되어 살았던 분"이었다(김경재, 2002: 95).128) 말씀이
육신이 되었다는 의미는 하느님의 말씀이 예수 안에서 완성되었고
"신적 이성과 같은 우주적 원리를 가장 충실하게 살아낸 예수에 대한
존경과 경배의식이 함축되어 있"음을 말한다(이찬수, 2004: 154).

그것이 다름 아닌 말씀이 육신이 되었다는 성육신의 의미이다.
하느님이 인간 예수 그리스도 안에서 세상에 오신 말씀이 육신이
된 성육신 사건으로 세계는 새롭게 전개된다. 인간의 생활을 세속
이라 하고 종교적 신성성과 구별했던 옛 세계는 완전히 사라진다.
말씀이 육신이 된 것은 세속과 신성의 담이 무너지고 "성속(聖俗)
이 일여화(一如化)"된 새로운 세계를 말한다. 성속(聖俗)이 하나
된 세계 가운데 예수는 거룩한 종교인들과 교제한 것이 아니라 속
인들과 죄인의 친구로 일상을 살았다.129)

"말씀이 육신이 되었다"에서 말씀은 틱낫한의 궁극적 차원, 징관
의 이(理)의 세계, 유동식의 제2우주에 해당하고, 육신은 틱낫한의
역사적 차원, 징관의 사(事)의 세계, 유동식의 제1우주에 해당한다.
그러므로 말씀이 육신이 된다는 것은 궁극적 차원이 역사적 차원,

---

128) 역사적 예수가 인간적으로 가장 가까이 했던 베드로, 열두 제자,
    그리고 훗날 그의 사상을 가장 잘 이해하고 전파한 사도 바울은
    예수가 다윗의 혈통으로 타고, 나사렛 동네에서 자란, 자기들과
    똑같은 유대인 중 한 사람이라는 사실을 가장 잘 인지했다.
129) 당시의 사람들은 예수에 대해 "먹기를 탐하고 포도주를 즐기는
    사람이요 세리와 죄인의 친구라"고 비판했다(유동식, 2006: 147).

이(理)의 세계가 사(事)의 세계, 제2우주와 제1우주가 제3우주를 관통하여 우리의 일상 속에 함께 한다는 의미이다.

따라서 말씀이 육신이 된다는 것은 초월과 현실이 분리된 형이상 학적인 추상성과 영적인 면에 귀착한다는 말이 아니라 틱낫한의 표현처럼 역사적, 궁극적 차원을 넘어 실천적 차원으로 환원되는 구체성이며, 징관이 표현한 사사무애와 같이 말씀이 우리의 일상성을 관통하여 구체적인 행위로 되살아나는 것을 의미한다.

다시 말하면 하느님의 뜻이 우리의 삶을 초월한 너머에 있지 않고 우리의 행위로 나타나는 것이 성육신의 핵심이다. 행위로 귀결되지 않는 하느님의 말씀은 살아있는 실재가 될 수 없다. 성육신은 우리 삶의 일상인 역사적인 차원(틱낫한), 현상계(징관), 제1우주(유동식)에서 하느님의 말씀이 행동으로 편만하게 나타나는 것이다. 그런 점에서 우리는 일상의 모든 삶에서 성육신을 체현할 수 있다. 우리가 겪는 모든 일상 가운데 하느님의 비밀한 말씀이 이입되고, 이 말씀이 다시 우리의 일상으로 구현된다면 예수의 성육신은 우리의 성육신이 될 수 있다. 이는 오늘 우리에게 일상에서 모두를 사랑하고 수용할 수 있는, 즉 원수에 대한 사랑까지도 종교적으로 승화된 비제의적 통로가 될 수 있다.

2. 네 원수를 사랑하라

틱낫한은 인간이 버려야 할 첫 번째 관념을 '자아'라고 본다. 그에 따르면, 인간은 자신의 생김새나 몸을 보고 '이 몸은 나다', '이 몸은 나의 것이다'라고 생각한다. 이는 '나는 존재 한다'는 자아 관념에 지배당한 것이다. 그러나 인간에게 '나는 존재 한다'는 관념은 있을 수 없고 '나는 연기적으로 존재한다'는 것만 가능하다. 왜냐하면 이 세상에 홀로 존재할 수 있는 개체는 없기 때문이다. 우리는 부모, 조상, 음식, 물, 공기, 지구 등 우주의 어느 것 하나 없이는 존재할 수 없다. 그러므로 우리는 '나' 혹은 '나는 ~이다'라는 자아의 관념을 폐기하지 않으면 안 된다(틱낫한, 2016: 17-18). 틱낫한은 나는 존재하는 것이 아니라 연기적으로 존재하기 때문에 자신은 화신130)가운데 세상을 초월하여 여기저기 흘러 다니는 구름처럼 세상 곳곳을 현현하여 누빌 수 있다고 말한다.

틱낫한이 불교의 연기와 공을 현대적으로 환언하여 조어한 상호존재는 비이원성과 공성(空性)131)에 근거한다. 만물이 고유하고 영구불변하는 실체 없이 끊임없이 변화하고 인연에 따라 생겨나기(틱낫한, 2014: 24-25) 때문에 부처는 '무생무사'(無生無死)를 설파했다. 마찬가지로 18세기 프랑스의 과학자 라부아지에(Antoine

---

130) 틱낫한은 모든 이가 불성을 가지고 있기 때문에 관세음보살처럼 자비로운 화신의 모습으로 현현할 수 있다고 말한다. 그는 "다양한 모습의 화신으로 현현해 어느 곳에서나 자비를 베풀 수 있습니다. 책을 쓸 때도 마찬가지입니다. 나는 다양한 모습-책에 담긴 사상이나 표현-으로 현현해 세상 곳곳을 누빕니다. 내가 내놓은 모든 책들은 나의 화신들입니다. 나는 책의 모습으로 수도원에 들어가기도 하고, 오디오 테이프의 모습으로 감옥에 들어가기도 합니다. 우리 모두는 수많은 모습의 화신으로 현현할 수 있습니다."라고 말한다.(틱낫한, 2008: 245)

131) 공성(空性)을 과학적으로 이해하면 양자 물리학과 상대성 이론에 따라 설명할 수 있다. 두 이론에 따르면, 물질과 에너지는 상호 전환 될 수 있고 동등하다. 원자 물리학은 더 이상 물질 개념을 다루지 않는다. 원자 내부에는 커다란 빈 공간이 있다. 그리고 소립자는 고도로 집중되고 안정된 상태에 있는 에너지에 지나지 않는다. 물질은 단지 경향적으로 존재할 뿐이다. 아인슈타인의 공식은 물질과 에너지가 기본적으로 같은 현실의 두 가지 측면임을 의미한다(레오나르도 보프, 1996: 46).

Lavoisier)도 "없어지는 것도 없고 생겨나는 것도 없다"고 주장한다.

> 우리의 참 성품은 무생무사이다. 사물은 조건이 충분히 갖추어
> 지면 형태화 되고 그것을 존재라고 한다. 그것을 이루는 조건
> 중에 한두 개가 사라지면 사물은 이전과 동일한 형태를 갖추지
> 못하는데 그것을 비존재라고 한다. 어떤 사물이 '존재한다' 또는
> '존재하지 않는다'고 한정하는 것은 옳지 않다. 이 우주에는 '완
> 전히 존재하는 것'도 '완전히 존재하지 않는 것'도 없다. 하늘에
> 나타나는 구름 한 조각은 새롭게 형태화 되어 출현한 것이다.
> 구름의 형태를 갖추기 전에 구름은 바다에서 태양열을 받아 생
> 성된 수증기였다. 수증기는 구름의 전생이라 할 수 있다. 한 장
> 의 종이를 깊이 보면 거기서 나무를 보고, 또 나무에 자양분을
> 공급한 흙, 해와 비, 구름을 보고, 더하여 벌목꾼과 종이공장을
> 볼 수 있다. 종이 한 장의 형태를 가진 것은 단지 새로운 형태화
> 를 취한 것이다. 그것을 태어났다고 할 수 없다. 태어남은 없다.
> 오직 연속이 있을 뿐이다. 그것이 만물의 성품이다. 그러므로
> 종이 한 장의 성품은 '무생무사'이다. 종이 한 장이 죽는 것은 불
> 가능하다. 종이 한 장을 태우면 연기, 증기, 재, 열로 변한다. 그
> 종이는 다른 형태로 연속하는 것이다(틱낫한 2013: 76-81).

무생무사의 관점으로 보면 이 세상 만물은 상호 연기적으로 관련
을 맺고 있다. 이것이 있기 때문에 저것이 있고, 이것이 없기 때문
에 저것이 없다. '나'의 존재 근거는 '너'이고 '너'의 존재 근거는 '나'
이다. '나'라는 형태를 갖추고 존재할 수 있는 이유는 다른 것의 존
재로 인해 '나'라는 형태가 그 조건을 갖추었기 때문이다. 그러므로
우리 모두는 '너'와 '나'에 대한 구별 없이 '나'를 사랑하는 것이 '너'
를 사랑하는 것이고 '너'를 사랑하는 것이 '나'에 대한 사랑이 된다.
틱낫한의 화신과 무생무사의 관점으로 파악된 연기와 공은 모두

비이원성에 의한 틱낫한의 상호존재에서 연원한다. 상호존재의 시각으로 보면, 이 세상에는 우리가 사랑하지 못할 것이 없다. 이는 이웃을 네 몸과 같이 사랑하라, 네 원수를 사랑하라는 말과 상통한다. 이는 나와 너, 나와 이웃, 나와 원수를 이원론적으로 구분하는 구조에서는 불가능하다. 하지만 틱낫한의 상호존재의 관점에서는 가능하다. 이에 대해 틱낫한은 사랑에 대한 가능성을 다음의 비유로 제시한다.

> … 그들이 당신을 산처럼 높은 증오와 폭력으로 내리쳐도 마치 당신을 벌레 취급하며 짓밟아 뭉개도 당신의 팔을 자르고 내장을 꺼내도 기억하세요, 형제여. 꼭 기억하세요. 그는 당신의 적이 아닙니다. 그대에게 가치 있는 것은 오직 자비뿐. 정복할 수 없는 무한의 무조건적인 자비뿐. 증오로는 결코 야수와 맞설 수 없습니다. …(틱낫한, 2003: 127-128).

> 분노와 폭력은 또 다른 분노와 폭력을 낳을 뿐이며, 결국 모두를 공멸에 이르게 합니다. 폭력과 증오를 불식시킬 수 있는 것은 오직 자비심과 사랑뿐입니다. 분노와 자비심을 잠재우고 보다 현명한 대처방법을 찾을 수 있습니다. 우리 모두는 상호 존재이기 때문에 누군가에게 폭력을 가하면 결국 그 폭력이 나에게 돌아온다는 것을 알아야 합니다(틱낫한, 2014: 233).

틱낫한에 따르면, 우리 모두는 상호존재이다. 타인에 대한 폭력은 바로 나에 대한 폭력이다. 그러므로 폭력이 아닌 사랑과 자비심으로 모두를 끌어안아야 한다. 틱낫한의 상호존재의 근저에는 자비와 사랑이 있다. 이것이 원수까지도 사랑할 수 있게 만드는 원동력이다. 사랑이 기초가 되면 무엇을 해치지 않도록 지켜주는 힘이 된다. 사랑이 발동하면 우리 속에 있는 분노와 무서운 살심(殺心)이 사라진다. 그러면 나와 너, 나의 것과 너의 것, 적군과 아군의 구별이 없어진다. 즉 '온 생명'이 구현되는 것이다.

이제 관점을 바꾸어서 원수에 대한 사랑에 관해 다른 시각으로 접근할 필요가 있다. 사람들은 원수에 대한 정의를 자신이나 가족, 동료에게 폭력이나 살인 등의 피해를 준 '외부인'으로 간주한다. 그러나 원수에 대한 개념을 상호존재를 통해 분별지(分別知)가 사라진 형태로 이해하면 원수는 바깥에 있는 그 무엇이 아니라 다름 아닌 나 자신이다. 원수는 나 자신을 대상화(Object-I)하고 나를 다른 무언가로 구속하여 끊임없이 '이방인(strangers)화' 하려는 의지이다. 나 자신을 '이방인화' 하는 것은 다음과 같다: 상대적인 박탈감, 무지로 인한 열등의식, 상실감, 무능력에 대한 자괴감, 게으름, 어리석음 등으로 자신을 이방인화 한다. 또한 억제하지 못하는 욕망에 대한 죄책감, 남들에게 입은 상처, 무시, 폭력으로 인한 미움과 증오, 그리고 남들에 대한 증오, 시기, 질투로 자신을 이방인화 한다.

우리는 끊임없이 자신을 이방인화 함으로써 이렇게 분류된 또 다른 나의 자아를 원수로 만든다. 따라서 "네 원수를 사랑하라"는 말은 나를 스스로 이방인화하여 또 다른 나의 자아를 부정하는 자기부정(self-denial)을 그만두라는 표현으로 해석된다. 즉 '네 원수'는 바깥의 누군가가 아니라 자기를 대상화하고 이방인화 하는 '자기부정'이다.

틱낫한은 '자기부정'을 우리 속에 있는 "상처받은 아이"로 묘사한다. 그는 우리가 숨을 내쉬고 들이실 때마다 자기 자신이 부정해 버린 또 다른 자아인 상처받은 아이에게 돌아가 그의 말에 귀 기울이고 그를 포용해야 한다고 말한다(Thich Nhat Hanh 2002: 35). 그것이 다름 아닌 원수를 사랑하라는 말의 핵심이다. 그러므로 우리는 고통, 갈등, 분노, 열등감, 죄책감, 무지, 게으름, 무능력, 증오심 등을 오물처리하듯 폐기하거나 극복해야 할 대상으로 간주해서는 안 된다. 그 이유는 오히려 그런 것들이 '참된 나'에 이르게 하는 안내자일 뿐만 아니라 그것이 바로 '나' 자신이기 때문이다. 같은 맥락으로 로너간(Bernard Lonergan)은 다음과 같이 설명한다.

> 일반적으로 심리학에서는 인간의 죄책감을 객관화하고, 죄책감을 하나의 객관적 개념으로 설정한다. 그러면서 대부분의 심리학자들은 죄책감을 인간에게 부정적인 요소로 단정하며 죄책감을 인간 주체와 분리해서 연구한다. 그러나 에크하르트는 한 인간 주체가 죄책감을 자기 자신과 분리된 것(object)으로 받아들이기보다 하느님 앞에서 자기 자신을 죄인으로 고백할 때 자연 발생하는 죄책감은 자연스러운 내면적 인식으로 부정적인 이미지가 아니라고 말한다(변희선, 2014: 42-52).

우리는 자신의 부정적인 것들을 대상화하고 이방인화하여 원수로 치부할 필요가 없다. 왜냐하면 그것들은 구성적으로 나를 존재케 하는 요소가 아니라 그들의 현존이 다름 아닌 내 존재 자체이기 때문이다. 따라서 틱낫한은 나 자신을 분리된 나로 생각하는 것을 멈추고 내가 존재 전체와 하나라는 것을 알게 될 때, 세상이 다르게 보이기 시작한다고 말한다(Thich Nhat Hanh, 2002: 19).

그 점에서 우리가 사랑해야 할 원수는 외부에 있는 누군가나 또 다른 그 무엇이 아니라 나를 대상화하여 괴롭히는 나의 이방인들이다. 그러므로 틱낫한은 "자신의 진정한 본성을 깨닫는데 장애가 되었던 부정적인 자기상(self-image)에서 벗어"나라고 강조한다(틱낫한, 2014: 306).

지금까지 우리는 틱낫한의 비이원론적인 상호존재의 시각으로 원수 사랑에 대해 살펴보았다. 원수 사랑은 나와 너를 이원화하여 타인을 대상화, 사물화함으로써 타자를 배타하는 존재로 만드는 것이 아니었다. 뿐만 아니라 원수 사랑은 자기 자신까지도 대상화, 이방인화 함으로써 자기를 부정하는 개별적 존재로 만드는 것이 아니었다. 원수 사랑은 자(自)와 타(他)의 이원화나 자기의 이원화도 사라지는 차원에서 이해 될 수 있는 것이었다. 그것은 일체의 사물이 영구불변하는 독립된 자성 없이 인과 연으로 생성 소멸하는 온 생명과 같이 만물이 서로 함께 숨을 쉬고 있는 생명 그물망으로 얽혀 있기 때문이다.

Ⅳ. 나가는 말

종교학의 창시자 뮐러(Max Müller)는 "하나의 종교만 아는 사람은 아무 종교도 모른다."는 명제를 남겼다. 하나의 종교만 알고 이웃 종교를 모르면 종교의 보편성은 간과하고 특수성만 내세우는 편협성의 함정에 빠질 수 있다. 자신의 종교만 아는 협소한 종교 편식은 다른 종교에 대한 이해와 배려에 인색하게 된다. 그러면 이웃 종교를 열등한 종교로 취급하고 종교의 서열화, 계급화를 부추긴다.

이런 경향은 개신교에서 두드러진다. 그 이유는 개신교의 본향인 서양 신학이 지닌 태생적 구조인 이원론 때문이다.

그러나 이 글은 개신교의 이원론적인 신학 구조를 지양하고 비이원론적인 대승불교의 관점을 차용하여 새로운 신학적 의미에 대한 가능성을 탐색했다. 여기서는 틱낫한이 불교의 전통적 개념인 연기와 공을 현대적 용어로 환언한 상호존재를 통해 개신교의 성육신, 원수 사랑에 대한 의미를 재조명하였다. 우선 성육신은 예수라는 하늘 위의 신(神)이 땅으로 내려와 신인(God-man)이 된 것이 아니라 모든 곳에 편재한 영을 예수가 온몸으로 받아들이고 그 하느님의 영을 일상 가운데 체현한 사건이었다. 다음으로 상호존재에 근거한 비이원론적인 원수 사랑은 타자와 자기를 사물화, 이방인화하여 외부와 내부의 적으로 규정하는 것이 아니라 자타와 주객의 구별을 해체하여 온 생명을 추구하는 것이었다.

따라서 상호존재의 시각으로 개신교의 의미를 새롭게 읽어내는 시도는 종교와 세속, 신과 세계, 차안과 피안을 구분하는 이원론적인 메커니즘에 있지 않고 원효(元曉)에 나타난 진속일여(眞俗一如)와 같은 비이원론적인 메커니즘에서 그 의의를 찾을 수 있다. 유동식은 원효의 진속일여를 다음과 같이 평가한다: 원효에게는 일체가 개공(一切皆空)이요, 만물이 일심에서 나온다. 그러므로 그에게 진과 속의 구별은 존재하지 않는다. 생사에 근본이 없고 부처와 중생이 근본 하나이다. 그러므로 성속의 구별이 따로 있을 수 없다. 사찰에서 법의를 입고 염불하는 것이나 속복을 입고 대폿집에서 무애가를 부르는 것 사이에 차별이 있을 수 없다. 그에게는 종교가 곧 일상생활이요, 세속 생활이 곧 종교였다. 종교의 세계를 확대한 것이 아니라, 종교를 세속화함으로써 세계를 온통 종교화했다(유동식, 2006: 47).

〈참고문헌〉

구미정. 2006. "가부장적 이원론의 극복을 위한 도덕경과 생태여성신학의
　　대화". 『신학사상』 2: 155-183.
김경재. 2010. 『이름 없는 하느님』. 삼인.
김대식. 2003. "이원론 극복을 위한 신학적 사유의 전환과 생태학으로서의
　　종교현상학". 『환경철학』 2: 136-164.
김상일. 1993. 『화이트헤드와 동양철학』. 서광사.
김선영. 2014. "루터의 여성관 -영-육 이원론적 논법 대(對) 믿음과 사랑
　　의 논법-". 『한국교회사학회지』 38: 49-87.
김종만·유광석. 2018. "'상호존재신론'(interbeing-theism) - 틱낫한
　　(Thick Nhat Hanh)과 폴 니터(Paul F. Knitter)의 인터빙(interbeing)
　　개념을 중심으로". 『신학과 사회』 32: 137-180.
김종만·송재룡. 2018. "상호존재신론에서 보는 기도와 영성: 새로운 종교
　　이해 전망을 위한 시론". 『사회사상과 문화』 21: 87-127.
류제동. 2016. "유교와 불교의 상호이해 가능성의 기반에 관한 시론: 로저
　　에임스의 '인간으로 되어감(Human Becoming)'". 『공자학』 30:
　　261-289.
변선환 아키브·동서종교신학연구편. 2007. 『동서 종교의 만남과 그 미래』.
　　모시는 사람들.
변희선. 2014. 『신학수행법 입문-버나드 로너간의 신학방법 연구』1. 문
　　학과 현실사.
서공석 외. 2012. 『내가 믿는 부활: 삶의 신학 콜로키움』. 대화문화아카데미.
신경수. 2016. "기독교 전통에 나타난 교회와 세속의 이원론에 대한 기독교
　　윤리적 비판: 플라톤의 이원론의 영향을 중심으로". 『기독교사회윤리』
　　35: 219-249.
오강남 2007. 『불교, 이웃종교로 읽다』. 현암사.
오광철. 2011. "영성과 성性의 통합: 유심론와 성차별주의의 이원론을 넘어
　　-몸Body, 성별Gender, 성Sexuality에 관한 여성주의자들의 관점을
　　중심으로". 『신학과 선교』 39: 39-62.
유동식. 2006. 『한국 종교와 기독교』. 대한기독교서회.
유동식. 1978. 『道와 로고스-宣敎와 韓國神學의 課題』. 대한기독교출판사.

최준식. 2012. 『한국의 종교, 문화로 읽는다 』 2. 사계절.

황남엽. 2016. "이원론 연구: 바울과 예이츠를 중심으로". 『문학과 종교』 21: 245−267.

낫한(T. Nhat Hanh). 2003. 『틱낫한의 비움』 . 전세영 역. 중앙 M&B.

낫한(T. Nhat Hanh). 2006. 『기도』. 김은희 역. 명진출판.

낫한(T. Nhat Hanh). 2008. 『내 손안에 부처의 손이 있네−틱낫한 스님의 법화경』 . 김순미 역. 예담.

낫한(T. Nhat Hanh). 2013. 『오늘도 두려움 없이』 . 진우기 역. 김영사.

낫한(T. Nhat Hanh). 2016. 『중도란 무엇인가』 . 유중 역. 사군자.

낫한(T. Nhat Hanh). 2017. 『너는 이미 기적이다』 . 이현주 역. 불광출판사.

니터(P. Knitter). 2008. 『예수와 또 다른 이름들』 . 유정원 역. 분도출판사.

로빈슨(J. Robinson). 1984. 『신에게 솔직히』 . 현영학 역. 대한기독교서회.

보프(L. Boff). 1996. 『생태신학』 . 김항섭 역. 가톨릭출판사.

윌버(K. Wilber). 2009. 『에덴을 넘어』 . 조옥경·윤상일 역. 한언.

캅(J, Cobb). 1988. 『과정신학과 불교』 . 김상일 역. 대한기독교출판사.

Ignacio, Ellacutia & Jon, Sobrino, 1993. Mysterium Liberations. New York: Orbis Books.

Nhat Hanh, Thick. 1988. *The Heart of Understanding: Commentaries on the Prajnaparamita Heart Sutra*. edited by Peter Levitt. California: Parallax Press.

Nhat Hanh, Thick. 2002. *The Joy of Full Consciousness*. edited by Jean−Pierre&Rachel Cartier. Berkeley: North Atlantic Books.

Whitehead, Alfred North. 1925. *Science and the Modern World*. New York: The Free Press.

'신천지사태'에 대한 종교사회학적 해석

李 鍾 根

'신천지사태'에 대한 종교사회학적 해석

李鍾根

얼마 전 '코로나 19' 사태로 '신천지'에 대한 관심이 그 어느 때보다 더 높아졌다. 단순한 관심의 차원이 아니라 우리와 주변의 생존과 결부된 종교, 사회적 양상을 띠고 있기 때문이다. 종교적 이단으로 지목되고 있는 신천지의 문제와 사회적 갈등과 여러 가지 문제로 물의를 일으키고 있는 신천지의 실체를 크게 종교와 사회 두 방향에서 생각해 보도록 하자.

1. 종교적 측면

우선 2020년 3월 10일자 발행 <시사저널> 1585호에서 표지 인물로 다룬 신천지 고위직을 지낸 신현욱 목사의 증언을 주목해 볼 필요가 있다. 그는 "코로나 19보다 더 위험한 신천지, 정부는 모르고 있다."고 말했다. 신천지는 한국 개신교는 물론 가톨릭 단체에서 신천지를 이단으로 규정하고 "근래 들어 가장 공격성이 강한 사이비 종파"라고 입을 모은다. <구리 이단상담소> 소장역도 맡고 있는 신현욱 목사의 진단에 의하면, "종말론에 기초한 신앙관을 가진 탓에 신천지는 굉장히 폐쇄적이다. 맹목적인 추종을 강조한다."는 것이다. 이러한 증언을 우리는 신중하게 고찰할 필요가 있다.

신천지가 강조하는 교리는 요한계시록의 독특한 해석에 있다. 이는 종말론을 강조해온 신흥종교들이 주로 채용해 온 방법이다. 문제는 신 소장의 증언처럼, "반사회적 종말론"에 가치를 부여하고 있는 것이 문제다. 반사회적 종말론의 대표적인 사례로는 "이만희 총회장의 육체적 불사(不死)"에 대한 주장과 신봉이다. 이를 20만 명이 넘는 신천지 교인 모두가 믿는다고 할 수는 없지만, 탈퇴자들의 여러 증언에 따르면 상당수가 이를 믿고 있는 것으로 나타났다.

한 가지 더 주목해 보아야 하는 것은 "왕 같은 제사장"이라는 성서의 해석이다. 이른바 14만 4,000에 대한 숫자의 해석이다. 신천지 신도들은 대부분 이 "왕 같은 제사장"의 반열, 곧 14만 4천명의 대열에 들어가고 싶어서 충성을 다하는 셈이다. 신 소장은 이렇게 증언한다. "신천지 신도라면 빨리 14만 4천명을 채우기 위해 일해야 한다. 그런데 몸이 아프다? 아마 조직 분위기상 죄인으로 몰아갈 거다. 이만희 교주가 실제로 그런 말을 했다."는 것이다.

성서의 기록 가운데 숫자 이야기가 많이 언급되고 있다. 신천지의 성서 해석은 비유 해석으로 잘 알려져 있다. 그런데 14만 4천의 경우는 비유나 상징이 아니고 글자 그대로 믿는다. 일반적인 기독교의 가르침과 차이가 나는 부분이다. 정작 상징이나 비유로 해석해야 할 부분을 글자 그대로 믿는 차이다. 14만 4천명의 신도가 넘어선 현재는 '흰 무리'라는 성서구절을 이용하여 14만 4천과 차별화시킨다. 신도 수가 증가할수록 14만 4천에 들어가기 위한 차별화와 충성도의 요구가 강해진다.

　신천지가 왜 위험한가 하는 문제에 대해서도, '추수꾼 포교전략 (일반교회를 '추수할 밭'이라고 보고 신천지 신도를 보내 포교하는 방법)과 '산 옮기기 전략(일반 교회를 신천지화 시키는 전략)' 등의 '모략 전도'라는 방식으로 '성경을 왜곡 해석한다.'는 것이다. 성경 에서 '모략을 세웠다'는 자구의 해석을 통해 '하나님도 모략을 쓰는 구나. 그러면 우리도 모략을 쓰는 게 성경적이라며 합리화 한다'는 것이다. 이러한 '모략'에 익숙하니 '거짓말 하는 것'도 익숙하다고 비판한다. 신 소장은 돌이켜 보면, 이단적 사기꾼들에게는 2종류가 있는 것 같다고 하면서, 하나는 단순 무식한 신념을 가진 경우다. "내가 책을 받아먹었다는 등의 자기 확신으로 신이 임했다고 순진 하게 홀린 사람들이 있는가 하면. 또 하나의 부류는 아닌 줄 알면서 해 먹는 사기꾼이 있다. 이런 것으로 거짓에 참 능통하다고 생각했 다. 거짓말을 너무 자연스럽게 한다. 사기꾼이라고 결론 내렸다."는 것이다. <PD 수첩>에 나온 이후 신천지는 비상이 걸렸다. 최 측근 에서 스스로 메시아라고 한 이만희씨를 모시던 사람으로서 그는 신 천지의 솔깃한 비유풀이 등은 박태선 전도관과 통일교의 교리들의 새로운 종합의 결과라는 것을 폭로한다. 또한 신천지는 교인들에게 '모략 전도'의 방식으로 가가호호 방문이나 '복음 방', '위장교회' 등 으로 거짓말 하는 훈련을 시킨다는 것도 강조한다.

　이 밖에도 신천지의 교리적 측면에서 이단성을 주장하는 연구가들이 많이 있다. 그 중에서도 <신천지, 왜 종교 사기인가>라는 책을 쓴 <한국교회 이단정보 리소스센터장> 정용석씨의 증언에 의하면, "신천지는 교주 이만희를 재림주로 믿는 사기 종교집단이다. 신도 들이 신천지식의 교육을 6개월만 받으면 교주 이만희를 '만왕의 왕', '이 시대의 구원자', '재림주'로 믿는다는 것이다. 그 중에 14만 4천명은 자신들의 육체와 하늘의 14만 4천명의 영혼이 합쳐서 세계를 통치한다고 굳게 믿는다(14만 4천 영육합일). 이러한 허황된 생각에 빠진 사람들이 직장이나 학업, 가정을 내팽개친다. 취업에 어려움을 겪고 있는 상당수의 20-30대 청년 신도들이 미혹되어 있어서 대한민국의 미래가 걸린 중대사"라는 점을 환기시키고 있다.

정용석 센터장이 소개한 이만희 교주의 육성을 하나만 더 들어보자. 세계가 신천지 세상이 되어 14만 4천명이 왕노릇 하게 될 때, "전 세계인들이 돈다발을 싸들고 한국으로 몰려와서 '진리의 말씀(신천지)을 가르쳐 달라'고 싹싹 빌면서, 사람들이 우리 신천지에 대해 달리 볼 것이고, 잡고 늘어질 때도 있다. 그때 놓아라. 찢어진다 합시다(하하). 이것이 머잖아 그렇게 되게끔 돌아가고 있어요."라고 했다는 것이다. 문제는 이 말을 신도들이 진짜 믿는다는 것이다. 문제의 14만 4천명도 2015년 넘어서자 2018년에는 '(14만 4천명) 인맞음 시험'을 실시하여 90점 이상의 통과자에게만 이 숫자(구원)에 들어간다고 말을 바꾸었다. 그 결과 시험의 중압에 못 이겨 응급실로 실려가 사망한 시례에 대해서 정용석 센터장은 밝히고 있다. 이러한 일련의 사태는 이단적 교리에 빠진 결과물이다.

2. '신천지 사태'의 사회적 측면

최근의 <뉴 시스> 기사에 의하면, 신천지 교인 중 20-30대 청년층이 67%로 추산되고 있다. 이는 6개월 교육을 마치고 입교한 신도 10만 명의 수료식에서 20-30대 청년의 비중이 그렇다는 것이다. 그 가운데 청년 교인 가출이 상당히 많아서 "10만 명 중 2만 명이 가출"한 것으로 집계되고 있다는 점이다. 이러한 숫자를 모두 확인 할 수는 없어도 상당량의 청년들이 가출을 시도하고 있는 것은 분명해 보인다. 이미 많은 피해자 부모들의 증언도 있다. 지난 2월 27일에는 전국신천지피해자연대(전피연)는 교주 이만희씨를 검찰에 고발하여 실종된 자녀들의 부모들이 고통을 호소하기도 했다. 이번 대구 신천지에서 코로나 19로 확진자의 상당수가 청년들이라는 점을 보아서도 신천지의 사회적, 가정적 이탈 현상을 잘 알 수 있다. 신현욱 소장은 "이번 (신천지 대구교회) 사태는 정부가 코로나 19를 몰라서가 신천지라는 괴물집단을 몰라서 발생한 참극이다. 신천지를 여느 교회 같은 집단이라고 본 게 실수다."라고 증언한다. 윤재덕 <종말론 연구소> 소장의 증언에 의하면, 이만희씨의 사상은 자신이 하나님과 직통계시를 말한다는 점에서 이단성을 지닌다고 말한다. 정치적 영향력의 문제 또한 교인들을 동원하여 당원으로 대거 가입시키는 문제가 있다. 이것이 과연 애국을 향한 정치적 영향력 행사인지 의문이 가는 점이다. 신천지의 이단들과의 친분관계도 유사하다. 윤소장에 의하면, 이만희씨의 롤 모델은 문선명의 통일교와의 관계설정에도 여러 흔적이 있다. 그럼에도 불구하고 이만희씨는 통일교를 멀리한다. 문선명과의 유사성에도 불구하고 그들만의 독특성을 말하는 것이다. 14만 4천명의 '왕 노릇'에 대한 문자적 강조가 더욱 그렇다. 이러한 왜곡된 종말론이 '돈과 정치적 영향력' 등에 호소하면서 사회적 갈등을 부추기며 논란을 일으키는 이유 가운데 하나다.

<존 존 TV>의 증언에 의하면, 신천지의 2인자였던 김남희는 "이만희는 반드시 죽는다."는 것과 "종교 사기집단 신천지는 이 땅에서 반드시 없어져야 한다."고 강조한다. 이만희씨는 김남희씨에게

혼인서약서를 써 주었지만 그것도 속임수였다고 폭로한다. 예컨대, 이만희씨는 "자신이 총각이다. 혼인 신고도 한 적이 없다." 하면서 집에 있는 사모는 누구인가 물었으나, "그 사람은 '밥해 주는 할머니'라고 속이고, 결혼을 요청했다"는 것이다.

또 하나의 사회적 도덕성 문제는 "제사장 14만 4천명에 들어가면 온 세상 사람들이 금은보화를 가지고 와서 섬긴다."는 주장을 하고 있고, 그래서 신도들은 어찌하든지 헌금을 많이 하게 된다고 했다. 이만희 교주가 '불사'를 강조하거나 14만 4천에 얽힌 '왕 같은 제사장' 이야기로 인한 금은보화의 유혹 등이 다른 폭로 자들과 맥을 같이 하는 것이어서 종교 사회적으로 주목되는 사건이다.

3. 분석과 전망

'코로나 19'가 대구 신천지교회와 관련하여 이만희씨는 기자회견을 하면서 대국민 사죄의 큰절을 두 번 했지만, 몇 가지 문제점이 나왔다. 영생불사를 주장하는 그의 말과 행동이 다르다는 점이 드러났다. '코로나 19'로 신천지가 국민적 관심과 비난의 대상이 되기 시작하면서, 논란이 되고 있는 것은 정작 신천지의 종교적 이단성과 사회적 갈등의 원산지가 되고 있다는 점이다. 신천지 피해자 부모의 시위는 신천지에 대한 수많은 종교, 사회적 문제에 대해 엄중한 경고를 보내고 있는 빨간 사회적 신호다.

24만 명 등으로 집계되는 신천지 교도의 교세 확장은 오늘날 한국 교회가 빛과 소금의 역할 못하고, 물신주의와 권력형 권위주의의 오만에 대한 반작용일 수도 있지만, 취업난에 시달리는 젊은이들을 미혹하여 사이비 교리로 허황된 망상을 부추기는 이단 집단의 교묘한 작태가 큰 문제로 지적되지 않을 수 없다. 대표적인 사이비 교리로 '이만희 교주의 육체의 불사'를 주장하고, '이긴 자'라는 요한계시록의 아전인수식 해석과, 성서의 상징적 숫자를 외면하고, 14만 4천의 '왕 같은 제사장'의 반열에 들어서기를 촉구하는 수치적 해석으로 충성을 요구하는 행위 또한 신앙을 빙자한 사회적 분열과 갈등을 초래하는 요인으로 분석된다.

이번 '코로나 19'의 대구 신천지 교회 사태를 통해 전국민적 시선을 받게 되고 급기야 이만희 교주의 사죄를 받아내기는 했지만 여전히 문제는 미해결의 과제로 남았다. 이러한 상황에서 신천지에 대한 김남희의 폭로에 이어 탈신천지 교도들의 새로운 폭로들이 이어지리라고 전망되면서 신천지교단에 대한 상당한 충격과 와해도 전망된다. 그러나 그럼에도 불구하고 위기의 상황에서 신천지 내부 신도들은 더욱 강한 결속을 다질 수도 있을 것이다. 시간을 두고 이만희 교주의 육체적 종말이 언제 올 것인가 하는 문제가 또 하나의 큰 변수가 될 것이다.

대담 : 한국종교 이대로 좋은가?

토론자 :

◆ 이 명 권 (코리안아쉬람 대표, 비교종교학 및 중국철학 박사)

◆ 임 종 은 (한국독립교회선교 연합회(KAICAM) 목사)

◆ 김 종 만 (서강대학교 강사, 종교학 박사)

◆ 전 철 후 (원광대학교 종교문제연구소, 성공회대 사회학 박사과정)

한국종교 이대로 좋은가?

토론자:

◆ 이 명 권 (코리안아쉬람 대표, 비교종교학 및 중국철학 박사)

◆ 임 종 은 (한국독립교회선교 연합회(KAICAM) 목사)

◆ 김 종 만 (서강대학교 강사, 종교학 박사)

◆ 전 철 후 (원광대학교 종교문제연구소, 성공회대 사회학 박사과정)

이명권: 코리안아쉬람 TV 이명권입니다. 제1회 종교 간 대화 토크 쇼를 갖게 되었습니다. 오늘 참여한 패널 3분을 소개하겠습니다. 인사와 더불어 각자의 소감을 말씀해 주십시오.

임종은: 오늘 "한국종교 이대로 좋은가?"를 주제로 대화 시간을 갖게 된 것을 즐겁게 생각합니다.

전철후: 오늘 코리안아쉬람 TV에 함께 해서 기쁘게 생각하고 유익하고 의미 있는 시간이 되었으면 합니다.

김종만: 봄은 왔지만 완전한 봄이 우리 마음속에 오지 않았습니다. "한국 종교 이대로 좋은가?"를 통해서 여러분들의 마음에 봄이 오길 바랍니다.

이명권: 임종은 목사님이 기독교를 접하게 된 배경이 무엇인가요?

임종은: 저는 1세대 기독교 집안에서 태어났습니다. 아주 어렸을 때부터 기독교 집안에서 자랐는데 할아버지는 기독교 장로였고, 부모님도 신학을 공부 했습니다. 저는 개인적으로 오랜 방황을

거쳐서 60세 이후에 신학을 공부하여 목사가 되었습니다. 목사가 된 이유는 마지막 삶을 조금이나마 기독교 정신으로 실천하기 위해서입니다.

이명권: 전철후 교무님은 원불교를 접하게 된 동기가 무엇인가요?

전철후: 제가 원불교를 처음 접하게 된 것은 친구를 따라서 원불교 학생회에 놀러 가면서부터입니다. 원불교 교당과 지도 교무님이 삶의 멘토였고 청소년 시기를 함께 보냈습니다. 그러던 중에 앞으로 사회에 많은 도움을 주는 직업을 가졌으면 했는데 저의 뜻과 지도 교무님의 뜻이 맞아서 원불교 교무의 길을 가게 되었습니다. 그러면서 원불교, 그리고 종교가 사회적으로 어떤 역할을 할 수 있을까 고민하던 중에 현재 성공회대학교에서 평화학으로 공부를 하고 있습니다.

이명권: 종교 간 대화가 활성화되고 있는 종교가 원불교이고, 미래의 한국종교와 평화통일에 대해서도 원불교의 역할을 기대해 보겠습니다. 한국 종교사에서 불교와 기독교를 잇는 소장파 학자로서 독보적인 책을 저술했습니다. 『틱낫한과 하나님』이라는 종교 간 학술총서를 발간한 김종만 박사님은 어떻게 해서 종교학을 공부하게 되었는지 궁금합니다.

김종만: 저도 어렸을 때 우연한 기회로 기독교를 접하게 되었습니다. 교회를 다니면서 신학에 관심을 갖게 되고, 신학을 전문적으로 배우기 위해 신학대학교에 진학하였습니다. 그러던 중에 아버지가 심장마비로 돌아가셨는데, 그때부터 죽음학을 연구하고 싶었습니다. 그래서 종교학 과정에 진학하게 되었고, 거기서 틱낫한 스님에 매료되어 결국 비교종교학과 종교신학으로 박사학위를 받았습니다. 사회자께서 소개하신 『틱낫한과

하나님』은 학위 논문을 수정하여 책으로 엮은 것입니다.

이명권: 죽음 극복이라는 심각한 고민이 있었던 것 같습니다. 코리안아
쉬람이 종교 간 대화를 이어가면서 종교학적 시각에서 많은 이
야기를 해 주길 바랍니다. "한국종교 이대로 좋은가?" 진단과
과제에 대해 과거, 현재, 미래의 측면에서 대화를 나누고, 진단
과 동시에 대안을 마련해 보는 시간을 가져 보겠습니다. 먼저
기독교 입장에서 한국의 기독교는 서구에서 전래 된 이후에 나
름의 뿌리를 내리고 긍정적 기여를 많이 했습니다. 이에 대해
임종은 목사님의 생각은 어떠신가요?

임종은: 한국에 기독교가 전래 된 후에 기독교가 한국 근대사에 미친
영향은 상당히 크다고 볼 수 있습니다. 우선 1945년 해방 이후
에 정치사에 중요한 역할을 했던 인물들 대부분이 기독교인이
었습니다. 많은 사람들이 한국 근대 정치사와 경제, 사회면을
이끌어 왔습니다. 그러던 중에 교육과 의료 등, 민중의 생활에
미치는 각각의 분야에서 지대한 역할을 했습니다. 반면에 부정
적 측면들이 있었는데, 지금도 그것이 한국 기독교에 문제가
되고 있다고 봅니다.

이명권: 한국에 기독교가 전래 되어 교육과 의료 분야에서 설립된
기관들이 한국사회에 긍정적 기여를 했습니다. 원불교의 소태산
박중빈께서 한국의 토착 불교를 만든 것으로 알고 있고 한국
근대화에 일정한 역할을 한 것으로 알고 있습니다. 이에 대해
어떻게 생각하는지요?

전철후: 원불교가 처음 탄생하게 된 시대적 배경은 일제 강점기를
경험하면서입니다. 이때는 세계사적으로, 민족사적으로 가장
아픔이 컸던 시대였습니다. 올바른 종교의 역할은 아픔이 있는

민중들과 함께 하는 것이라고 생각합니다. 이런 모습은 원불교 뿐만 아니라 자생종교와 민중종교들에서 나타났습니다. 원불교는 한국전쟁 이후 전쟁동포구호사업, 고아원, 야학 등의 활동을 하면서 전쟁의 피해자들에게 많은 도움을 주었습니다. 이는 원불교가 대사회적으로 앞장서서 나갈 수 있었던 계기가 되었습니다. 원불교 역시 사회 참여불교의 형식을 띠면서 나오게 되었던 것입니다.

이명권: 한국 불교사에서 중요한 줄기를 차지하는 원불교가 시대적 아픔이 있을 때 많은 공헌을 한 것으로 알고 있습니다. 김종만 박사님은 기독교와 원불교, 이 두 종교의 긍정적 기여에 대해 다른 의견이 있으신가요?

김종만: 대한민국은 전쟁 이후로 아주 큰 어려움과 좌절을 겪었습니다. 사회가 위기를 느끼자 사람들의 좌절감도 커졌습니다. 종교는 좌절감을 극복하기 위해 두 가지 장치로 작동합니다. 하나는 '상황을 재규정하는 것'이고, 다른 하나는 '대체 목표를 설정하는 것'입니다. 기독교는 한국전쟁 이후에 새로운 성장동력 속에서 많은 발전을 이루었습니다. 원불교 역시 그런 어려움 속에서 탄생하고 성장했습니다. 이때 종교는 어떻게 상황을 재규정할 것인가를 탐색합니다. 사람들은 위기가 찾아오면 타자에 공격적인 태도를 보이거나 아니면 다른 희생양을 찾으면서 심리적 안정을 얻고자 합니다. 다행히 기독교나 원불교는 상황 규정을 잘 했다고 볼 수 있습니다. 새로운 종교의식으로 재전환을 했고, 대체 목표를 설정하여 위기를 타개하고자 했습니다. 기독교는 하나님 나라, 원불교는 개벽 세상을 대체 목표로 설정했습니다. 두 종교의 적절한 대체 목표는 한국의 어려운

상황을 종교적으로 극복할 수 있는 중요한 장치였습니다.

이명권: 죽음과 고난, 그리고 좌절을 극복하는데 종교가 일정한 기여를 했습니다. 사회, 정치적으로 기독교와 원불교가 기여를 한 만큼 또 다른 한계점이 있을 것 같습니다. 이승만 대통령이 미국에서 기독교를 접하고 한국에서 초대 대통령이 되면서 기독교 세력 확장에 영향을 미쳤고, 정책적 측면에서도 기여 했다고 볼 수 있습니다. 하지만 그 여파로 인해 한국 근세사에 기독교의 한계가 있을 것 같은데 이에 대해 어떻게 생각하시나요?

임종은: 지금 한국 기독교는 사회적으로 문제가 되고 있고, 국민이 혹은 사회가 교회를 걱정하는 시대가 되었습니다. 한국교회가 사회적으로 올바른 역할을 못하는 것입니다. 기독교 성서가 이야기하는 본질은 돈과 권력과 명예를 추구하는 한국교회의 가르침과 정반대의 것입니다. 예수는 아래로 내려가는 가치를 강조했지만 교회는 위로 올라가는 가치를 강조합니다. 인간은 아무리 노력을 해도 끊임없이 높아지고자 하는 욕구를 지니고 있습니다. 오늘날 한국교회는 성서의 진정한 가르침이 무엇인지 한시도 빠짐없이 자각하고 기도해야 할 때라고 봅니다.

이명권: 기독교 목사님으로서 자신의 정체성에 대해 이야기해 주시고 기독교의 본질적 가치에 대해 말씀해 주셨습니다. 그러면 성서의 진정한 가르침이 무엇인지 구체적으로 말씀해 주시면 좋겠습니다.

임종은: 기독교인이라고 해서 세속적 가치를 추구하지 말자는 것이 아니라 사도바울처럼 어떠한 세속적 가치도 배설물에 불과하다는 생각으로 살자는 것입니다. 세속적 가치는 아무것도 아니라는 자세가 필요합니다.

전철후: 원불교를 창시하신 소태산 대종사님의 기본 교법의 세 가지
　　　바탕은 시대정신, 민중정신, 사회참여정신 입니다. 원불교는
　　　초창기부터 한국전쟁 이후까지 그런 형태를 잘 유지했습니다.
　　　그러나 80년대 민주화 시대로 접어들면서 이 세 형태가 많이
　　　사라졌습니다. 원불교는 역사가 짧고 교세가 크지 않기 때문에
　　　한국사회의 격동기였던 민주화 운동 시대에 큰 메시지를 주지
　　　못했습니다. 그 당시 법정 스님, 김수환 추기경, 그리고 함석헌
　　　선생님 등을 비롯한 많은 종교인들은 민중들과 함께 민주화를
　　　외쳤으나 원불교는 그 부분에 있어 함께하지 못했습니다. 앞으
　　　로의 한국사회의 과제는 통일 문제인데 원불교가 어떻게 선도
　　　해 갈지 고민이 필요합니다.

김종만: 원불교는 한국불교의 좋은 토착화의 시도라고 봅니다. 기독
　　　교는 최병헌－정경옥－윤성범－유동식－변선환 선생님 등으로
　　　인해서 토착화 신학이 자리를 잡게 되었습니다. 토착화는 형식적
　　　토착화와 내용적 토착화가 동시에 추구되어야 한다고 생각합
　　　니다. 원불교는 초기에 협동조합이나 간척사업 등으로 사회에
　　　긍정적 역할을 했으나 민주화 시대로 넘어오면서 기독교, 천주교,
　　　불교가 했던 만큼 민주화 운동에 앞장서지 못했습니다. 이는
　　　원불교가 형식적 토착화는 순조롭게 진행되지 못했기 때문이
　　　라고 생각합니다. 기독교는 여름 성경학교, 불교는 불교학교,
　　　템플스테이 등을 통해 대중에게 친숙하게 다가갔습니다. 원불
　　　교는 내용적 토착화는 많이 이루어 졌지만 형식적 토착화에 있
　　　어서는 서구의 것을 수용하기보다는 반대의 입장에 있었기
　　　때문이라고 생각합니다.

이명권: 서구의 형식을 받아들여야 한다는 생각인가요? 꼭 서구의

것을 받아들여야만 하는가요?

김종만: 서구화는 곧 현대화입니다. 형식적 토착화를 시도할 때는 건물, 조직, 의례적 측면의 변화가 동반되어야 하는데 원불교는 그런 측면이 약하다는 생각이 듭니다.

전철후: 김종만 박사님의 의견은 공감되는 부분도 있고, 그렇지 않은 부분도 있습니다. 원불교는 초기에 형식적 토착화가 많았습니다. 오히려 서구 종교의 의례와 제도를 받아들이면서 토착화의 정체성을 잃었다고 생각합니다. 원불교만의 의례, 교당 문화 등, 그 초기의 한국적인 전통을 살리면서 이것을 현대화하는 부분이 필요했습니다. 오히려 그것을 찾아가는 방식으로 가야 한다고 봅니다.

이명권: 이런 입장의 차이가 분명해지면 상호 좋은 대안이 나올 것 같습니다. 한국 기독교의 대안을 보면 구체화 될 필요가 있습니다. 좋은 방향이나 대안에는 어떤 것들이 있을까요?

임종은: 저는 단순하고 겸손하게 살자는 가치관을 가지고 있습니다. 이런 태도는 우리 사회의 모든 면에서 성찰되어야 할 필요가 있습니다. 기독교 문제의 해결 역시 여기에 있다고 생각됩니다.

이명권: 예수 역시도 겸손과 따뜻한 정신을 말씀하고 있습니다. 원불교의 사회참여와 통일 문제가 어떤 방향으로 나아가면 좋을까요?

전철후: 모든 종교들이 성장의 과정을 겪으면서 제도(조직)종교의 성장과 탈제도화 하는 종교의 균형감을 어떻게 유지하느냐가 중요한 것 같습니다. 원불교의 영육쌍전, 이사병행, 불법과 생활이 둘이 아니라는 중도 정신들이 어떻게 영성으로서 사회적으로 메시지를 전달해 주고 대중들에게 영성적인 삶을 살 수 있도록 해주는가가 향후 중요한 역할이라고 봅니다.

이명권: 형식과 내용의 균형 잡힌 영성적 삶이 중요한 것 같습니다.

김종만: 교회는 그리스로 옮겨가서 철학이 되었고, 로마로 옮겨가서 제도가 되었고, 유럽으로 옮겨가서 문화가 되었고, 미국으로 가서는 기업이 되었습니다. 교회가 결국 한국으로 와서는 대기업이 되었다는 비판이 있습니다. 막스베버는 『개신교 윤리와 자본주의 정신』에서 기독교의 현세적 금욕주의 윤리가 자본주의 정신과 어떤 친화성이 있고 그것이 유럽의 근대 자본주의 형성에 어떤 작용을 했는지를 밝힙니다. 그는 칼뱅주의를 받아들이면서 칼뱅주의와 근대 자본주의의 연관성을 고찰합니다. 즉 모든 사람의 구원 여부는 하나님이 이미 결정했는데 그렇다면 그가 구원받았다는 것을 어떻게 아는가에 대해 기독교적인 소명에 따른 직업활동에서 성공하는 것이 구원의 외적 표시라고 믿게 됩니다. 열심히 일하고 물질적으로 성공하는 것이 기독교적 소명에 충실한 상징이자, 칼뱅교들의 특징적인 태도가 된 것입니다. 그러나 엄격한 칼뱅주의자는 세상의 쾌락을 부정했기 때문에 돈을 하찮은 일에 낭비하지 않고 그것을 자본의 투자로서 사업에 재투자하게 되었습니다. 결국에는 그것이 17세기 유럽 자본주의 체제의 시작이 된 것입니다. 이처럼, 막스베버는 자본주의를 긍정적 정신으로 말하고 있습니다. 한국교회 또한 사회를 민주화, 현대화하는데 아주 큰 역할을 했습니다. 오늘날 기독교가 외부의 여러 비판을 극복하고 새롭게 긍정적 기능을 이어 나가기 위해서는 사람들에게 새로운 대체목표를 설정해 주어야 합니다.

이명권: 한국사회의 기독교가 좌절감 속에서 안정감을 찾아주는 심리적 역할을 했다면, 앞으로 사회 속에서 대기업화되어 가고

있는 한국교회가 소외자들에게 어떤 큰 역할을 할 수 있을 것
인 지가 중요하다고 봅니다. 마지막으로 이런 진단과 대안 속
에서 나는 어떤 정신으로 살아가야 하는지, 자신의 희망을 말
씀해 주시면 좋을 것 같습니다.

임종은: 기독교뿐만 아니라 모든 사회의 정신 지도자들이 나아가야
할 방향은 위를 보고 가는 것이 아니라 아래를 보고 가는 태도
라고 생각합니다. 나보다 어려운 사람에게 관심을 갖고 그런
사람들을 배려하는 삶이 필요합니다. 아래를 향하는 삶이야말
로 모든 사람들이 의지하고 나아가야 할 지향점이라고 봅니다.

전철후: 현재 종교의 형태가 '구원'에 초점이 맞춰져 있습니다. 기
복적 신앙에서 벗어나서 내가 신앙하고 있는 종교란 무엇인지
에 대해서 물을 수 있는 용기와 종교인으로서 실천할 수 있는
실천종교의 모습으로 변화해 가길 바랍니다. 개인적으로는 합
리적인 영성의 삶을 살아보고 싶습니다.

이명권: 실천적 종교와 합리적 영성이 마음에 와 닿습니다. 종교의
본질적 측면을 가지고 이야기 나누면 좋겠습니다.

김종만: 한국의 종교는 구원과 초월성만 강조하고 있습니다. '종교
의 이데아론'은 사회적 부조리, 정의감 없이 삶의 희생만을 강
조합니다. 종교 지배층들은 종교의 이데아론을 이용해 정치적,
사회적, 경제적으로 권한을 확보합니다. 현실의 부조리를 간과
하고 있는 것입니다. 종교가 서로 상호 대화와 만남을 가짐으
로 실천적 측면에서의 끊임없는 추구가 필요하다고 봅니다.

이명권: 종교의 정신은 비움과 겸손이고 실천을 사회적으로 만들어
가고 권력에 빗대어 있는 종교인이 되지 말자는 이야기인 것
같습니다. 지금까지 세분 모두 수고하셨습니다. 감사합니다.